LEÇONS

SUR

LA TENUE DES REGISTRES

ET LA RÉDACTION

DES ACTES DE L'ÉTAT-CIVIL,

DONNÉES

AUX ÉLÈVES-MAÎTRES DE L'ÉCOLE NORMALE PRIMAIRE DE DOUAI.

DOUAI,

IMPRIMERIE D'ADAM, D'AUBERS, ÉDITEUR.

1841.

LEÇONS

SUR

LA TENUE DES REGISTRES

ET LA RÉDACTION

DES ACTES DE L'ÉTAT-CIVIL,

DONNÉES

AUX ÉLÈVES-MAITRES DE L'ÉCOLE NORMALE PRIMAIRE DE DOUAI.

V. A.

DOUAI,

IMPRIMERIE d'ADAM, d'AUBERS, ÉDITEUR.

———

1841.

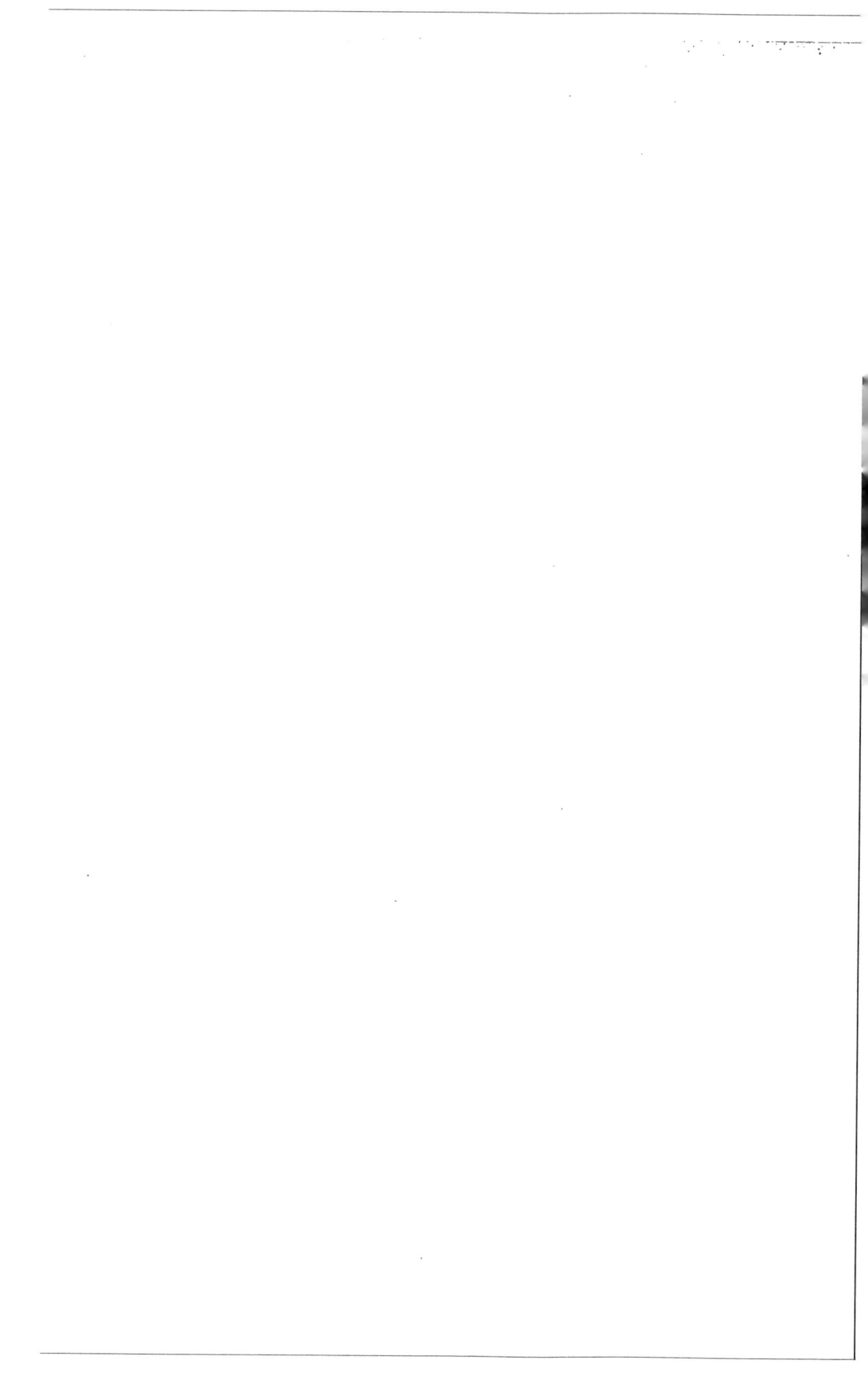

Le programme des études des écoles normales primaires indique qu'il sera donné aux élèves-maîtres des leçons sur la tenue des registres et la rédaction des actes de l'état-civil. On a compris, en effet, que par leur instruction les instituteurs des campagnes seraient naturellement appelés à devenir secrétaires des mairies ; et plusieurs de MM. les préfets viennent d'engager les maires de leurs départements à confier, sous leur surveillance, aux instituteurs, la rédaction des actes de l'état-civil.

Nous avons cru qu'il serait utile de mettre entre les mains de ceux-ci un ouvrage qui leur offrît, dans un cadre assez resserré, tout ce qu'il pouvait leur être important de connaître pour pouvoir remplir convenablement ces fonctions nouvelles, destinées à améliorer leur position. C'est dans ce but que nous avons demandé au magistrat qui s'est chargé de donner à l'école normale de Douai les leçons prescrites par le programme, l'autorisation de reproduire son cours. Les ouvrages sur l'état-civil ne manquent pas, sans doute ; mais celui que nous publions offre l'avantage d'avoir été rédigé spécialement pour l'objet qui nous occupe, et de donner aux officiers de l'état-civil le résumé de tout ce qui peut leur être nécessaire, dégagé de ce qui leur serait peu utile ou de ce qui se rattachant à la connaissance du droit, serait peu à leur portée.

Nous sommes heureux de pouvoir ainsi prouver à MM. les instituteurs l'intérêt qu'ils nous inspirent.

L'éditeur du journal l'Instituteur du Nord et du Pas-de-Calais,

ADAM, d'AUBERS.

COURS

SUR

la Tenue des Registres de l'État-Civil.

———◦———

Les actes de l'état-civil ont pour objet de fixer d'une manière certaine l'état des personnes ; c'est la garantie de la jouissance des droits civils, c'est-à-dire des droits de cité et de ceux de famille, qui constituent l'état-civil d'un individu.

Ces droits prennent en effet leur source dans les trois principaux événements qui signalent le passage de l'homme sur la terre : sa *naissance*, son *mariage* et sa *mort*.

Par sa *naissance*, l'homme prend son rang dans la société et dans la famille ; c'est par elle qu'il obtient, d'une part, les droits attachés à la qualité de *Français*, d'autre part, ceux qui résultent de la filiation.

Par son *mariage*, l'homme constitue une nouvelle famille, et l'acte qui constate cette union est la base des droits des contractants et de leurs descendants.

Enfin la *mort*, en rompant les liens qui attachent l'homme à ses semblables, transmet ses droits à ceux qui le remplacent; l'acte de décès est le fondement de ces nouveaux droits.

Il n'y a donc pas de règles ni de lois plus importantes que celles qui regardent les actes de l'état-civil ; point de fonctions plus graves que celles des officiers chargés de recevoir ces actes.

C'étaient autrefois les curés des paroisses qui étaient chargés de tenir les registres de l'état-civil; ce choix montrait que l'on avait attaché à ces actes assez d'importance pour vouloir que la sanction de la religion ajoutât à la garantie de la loi, et assurât que les registres seraient fidèlement tenus.

L'Assemblée constituante, en proclamant la liberté des cultes, voulut que la validité des actes et le soin apporté à leur réception ne pussent jamais dépendre des dogmes religieux. Elle décida, et cela était juste et utile, qu'il serait créé pour tous les Français, sans distinction de religion, un mode uniforme et général de constater les naissances, mariages et décès; ce mode fut organisé par la loi du 20 septembre 1792.

Depuis long-temps les lois sur l'état-civil ont appelé en France l'attention des rois et des législateurs ; aussi présentent-elles , dans leurs règles, une perfection qui ne se rencontre dans aucun autre pays.

C'est là aussi une gloire nationale qu'il ne faut pas laisser perdre.

CHAPITRE I.

DES OFFICIERS DE L'ÉTAT-CIVIL.

§ 1. *Organisation des officiers de l'état-civil.*

1. Depuis la nouvelle organisation de l'état-civil, la tenue des registres a été confiée à des officiers municipaux ; ce sont actuellement les maires qui exercent spécialement ces fonctions. (Loi du 28 pluviose an VIII, art. 12 et 13 , décret du 4 juin 1808).

2. En cas d'*empêchement* (1) du maire, il est remplacé de droit par ses adjoints dans l'ordre de leur nomination, c'est-à-dire par le premier adjoint, et, si celui-ci est empêché, par le second.

3. En cas d'*empêchement* (2) du maire et des adjoints, ils sont remplacés par un conseiller municipal, dans l'ordre de la liste.

4. Le maire peut déléguer l'un de ses adjoints pour exercer ses fonctions , soit pour un cas particulier, soit en général.

5. Mais cette délégation n'empêche jamais que le maire n'exerce lui-même , s'il le veut , ses fonctions.

---

(1) Maladie, absence, interdiction ou incapacité spéciale. (voyez n° 9).

(2) Il ne peut donc, sous aucun prétexte, y avoir de lacunes dans la tenue des registres. La loi du 18 floréal, an X, a même prévu le cas où un adjoint spécial pourrait être nommé, quand des portions détachées de certaines communes ont leurs communications nterrompues.

6. L'adjoint qui remplace *de droit* le maire (en cas d'empêche-ment), peut déléguer comme le maire l'aurait pu ; il ne le peut, quand il n'est lui-même que délégué.

§ 2. *Compétence, capacité, devoirs généraux des officiers de l'état-civil.*

7. L'officier de l'état-civil est un officier public et spécial.

8. Sa compétence est absolument restreinte dans l'étendue de sa commune. L'acte qu'il dresserait hors de ce territoire serait sans force et pourrait être annulé.

9. Il ne peut recevoir ni dresser les actes dans lesquels il est partie comparante ou témoin (1).

10. Il ne peut dresser d'office aucun acte de l'état-civil ; il doit attendre la déclaration des parties.

11. Il doit se borner à recevoir ces déclarations et à en tenir acte ; il n'en est que le rédacteur et non le juge (2).

12. Mais aussi il ne peut, tout en recevant les déclarations des par-ties, constater que ce que celles-ci *doivent* lui déclarer. (Art. 35, code civil) (3).

13. S'il s'élève des doutes fondés sur des questions qu'il craigne de résoudre, il consulte le procureur du roi.

14. Dans quelques cas graves, il doit même se laisser contraindre par justice; sa responsabilité est toujours à l'abri quand il exécute un jugement.

15. Il veille tout spécialement à la tenue et à la conservation des registres.

16. Il éclaire ses administrés sur leurs devoirs relatifs à l'état-civil.

17. Il prévient le procureur du roi des infractions aux lois de l'état-civil. (4).

---

(1) Ainsi, s'il déclare la naissance de son enfant, s'il consent à son mariage, s'il est témoin dans celui d'un autre, s'il vient déclarer un décès, il doit être remplacé.

(2) Ainsi, aucune déclaration de son chef, aucune énonciatiation, aucune note ne lui est permise pour contrarier, affaiblir ou fortifier les déclarations des parties.

(3) Si on lui demande de constater un fait illégal, par exemple la naissance d'un enfant adultérin, il doit s'y refuser.

(4) Si, par exemple, il connaît une naissance qu'on ne lui ait pas déclarée.

CHAPITRE II.

DES REGISTRES DE L'ÉTAT-CIVIL.

§ 1. *Tenue générale.*

18. Les registres de l'état-civil sont tenus sur papier timbré, à peine de 30 fr. d'amende contre l'officier de l'état-civil, pour chaque acte inscrit en contravention. (Loi du 13 brumaire, an VII).

19. Les registres sont cotés par première et dernière, et paraphés sur chaque feuille par le président du tribunal de première instance, ou par le juge qui le remplace. (Art. 41, code civil) (1).

20. Quand les registres deviennent insuffisants, on y ajoute des feuilles supplémentaires, sur timbre, cotées et paraphées de la même manière.

21. Si l'officier de l'état-civil s'aperçoit qu'on a omis de coter ou parapher quelque feuille, il doit faire réparer l'omission ou bâtonner les pages en y inscrivant la cause de cette mesure.

22. Les naissance, mariage et décès sont inscrits soit dans un seul registre, soit dans trois registres différents, toujours tenus *doubles* (2).

Les publications de mariage sont toujours inscrites sur un registre séparé, tenu simple. (Art. 4 et 63 du code civil) (3).

23. Lors du changement de maires, il est de leur intérêt respectif de constater l'état des registres par des inventaires faits doubles.

24. Les registres sont clos et arrêtés à la fin de chaque année. (Art. 43 du code civil), à l'expiration du dernier jour.

25. Quand même ils seraient restés en blanc.

26. La clôture indique le nombre des actes inscrits ; elle est placée immédiatement après le dernier acte (4).

---

(1) Pour éviter l'intercalation ou la soustraction des actes.

(2) Pour éviter l'inconvénient de la perte.

(3) Mais cette mesure était moins nécessaire pour les publications qui ne sont qu'une formalité préalable aux actes de mariage.

(4) En voici la formule : « L'an........ le...... nous, etc., avons clos et arrêté le présent

27. Après la clôture, l'officier de l'état-civil confectionne la table de l'année. Il doit la signer et la certifier (1). L'administration fait aussi, tous les dix ans, confectionner des tables décennales.

28. L'officier de l'état-civil est tenu de déposer, dans le mois, l'un des doubles aux archives de la commune, et l'autre au tribunal de première instance de l'arrondissement. (Art. 43, code civil).

29. Le registre des publications, tenu simple, est déposé au greffe du tribunal. (Art. 63 du code civil).

30. La régularité veut que l'on joigne aux registres une copie des délégations faites par les maires.

31. On dépose aussi au même greffe les pièces qui, ayant dû être produites par les parties, ont été annexées à certains actes. (Art. 44 du code civil) (2).

32. Toutes les pièces relatives à un même acte sont réunies en une même liasse, portant le n° de l'acte auquel elles se rapportent, le nombre et l'espèce de ces pièces (3).

33. Le greffier qui reçoit ces dépôts en dresse un inventaire-sommaire sur un registre. L'officier de l'état-civil peut demander une décharge.

34. Aucun droit n'est dû au greffier pour le dépôt des pièces ni des registres. (*Décision du ministre des finances, du 24 septembre 1808*).

35. Après ce dépôt, le procureur du roi est tenu de vérifier l'état des registres; il dresse procès-verbal de sa vérification; il constate les contraventions ou délits commis par les officiers de l'état-civil; il requiert contre eux la condamnation aux amendes. (Art. 53 du code civil).

Le procès-verbal de la vérification est transmis au ministre de la justice. (Ordonnance du 26 novembre 1823).

» registre contenant *tant* de naissances, *tant* de mariages et *tant* de décès pour l'année,
» etc. »   *Signature.*

(1) Voir le modèle de cette table pour chaque espèce d'actes à la fin du volume; on la fait suivre de la mention suivante :

« Certifié la présente table contenant *tant* de naissances, mariages et décès, par nous,
» officier de l'état-civil, soussigné. »   *Date et signature.*

(2) On ne peut remettre les pièces aux parties.

(3) Ainsi, sur la bande qui les réunit, on met les annotations suivantes :

« Année......, n°......, acte du....... *Tant* d'actes de, etc....... relatifs à la naissance,
» au mariage et au décès de (*noms des parties*). »

Le procureur du roi peut, pendant le cours de l'année , vérifier les registres sur les lieux ou les faire vérifier par les juges-de-paix. (Même ordonnance).

§ 2. *Inscription des actes sur les registres.*

37. Les actes sont inscrits immédiatement sur les deux registres (art. 40 du code civ.); tous deux sont originaux et ont la même force (1).

38. Les actes doivent être inscrits de suite, sans aucun blanc. (Art. 42 du code civil.) (2).

39. Les ratures et les renvois sont approuvés et signés de la même manière que le corps de l'acte. (Art. 42 du code civil) (3).

40. Rien ne doit être écrit par abréviation, et aucune date ne sera mise en chiffres. (Art. 42 du code civil.) (4).

41. Toute altération , tous faux dans les actes de l'état-civil , toute inscription dans ces actes faits sur une feuille volante et autrement que sur les registres à ce destinés , donneront lieu aux dommages et intérêts des parties, sans préjudice des peines portées au code pénal. (Art. 52 du code civil).

42. Si un acte préparé ne peut être consommé par la volonté des parties ou autrement, on le bâtonne et on écrit au bas la cause de cette mesure (5).

§ 3. *Mentions à faire sur les registres.*

43. Un acte nécessite quelquefois une mention en marge d'un autre acte (6).

44. La mention résulte ou d'un acte reçu par l'officier de l'état-

---

(1) On ne peut donc faire signer en blanc sur l'un, après avoir inscrit sur l'autre.

(2) C'est-à-dire à la suite l'un de l'autre et sans intervalle pour éviter les intercalations , soit entre les actes, soit entre leurs diverses parties.

(3) Ainsi, un renvoi mis à la suite de l'acte et signé avec lui ne suffit pas ; ainsi un simple paraphe est insuffisant.

(4) Les abréviations peuvent s'interprèter différemment, et peuvent, comme les chiffres, s'altérer facilement.

(5) Sans cela, on pourrait un jour se servir de l'acte, et prétendre que l'absence de signatures est une omission.

(6) En cas de reconnaissance d'enfant ou de légitimation , etc.

civil lui-même, ou d'un acte reçu dans une autre commune, ou par un autre officier public (1).

45. L'officier de l'état-civil transcrit en entier, sur les registres courants, l'acte qui donne lieu à la mention et dont les parties lui ont remis expédition (2).

46. La mention est faite, par l'officier de l'état-civil, sur les registres qui sont entre ses mains, et sur ceux qui ont été déposés aux archives de la commune ; elle est faite par le greffier du tribunal de première instance, sur les registres déposés au greffe. (Art. 49 du code civil).

47. La mention étant un acte doit être datée et signée par l'officier de l'état-civil; elle se place en marge de l'acte.

48. Si l'officier de l'état-civil est encore dépositaire des deux registres, il y fait la mention.

Au cas contraire, il en adresse copie *entière* et *littérale* (3), dans les trois jours, au procureur du roi près le tribunal, qui veille à ce que la mention soit faite uniformément sur les deux registres. (Art. 45 du code civil).

§ 4. *Extraits des registres.*

49. Les registres de l'état-civil appartiennent à la Société toute entière ; ces registres sont ouverts à tout le monde, et chacun peut en demander des extraits. (Art. 45 du code civil).

---

(1) Au premier cas, elle a lieu d'office ; au second cas, elle a lieu à la requête des parties intéressées.

(2) En marge de cet acte, l'officier de l'état-civil met, suivant les cas : « acte portant reconnaissance ou légitimation de l'enfant inscrit sur les registres de l'année....... n°......

Ou bien : « Jugement portant rectification de l'acte de *(nature de l'acte)*, inscrit sur les registres de l'année........ n°........

(3) C'est-à-dire y compris la date et la signature. Voici des exemples de ces mentions :

1° *Mention de reconnaissance.* — « N... que concerne l'acte ci-contre a été reconnu » par N...., par acte du *(date de l'acte)*. N°...... du registre de l'année......
» *Date et signature.* »

2° *Mention de légitimation.* — « N..., que concerne l'acte ci-contre, a été légitimé par » l'acte de mariage entre N.... et N...., en date du *(date de l'acte)*, n°..... du registre de » l'année........   *Date et signature.* »

3° *Mention de rectification.* — « Par jugement rendu par le tribunal de...... le *(date » du jugement)*, lequel est inscrit sur le registre *(indiquer le registre, la date et le n°)*, » l'acte ci-contre a été rectifié en ce sens que *(analyse-sommaire de la rectification* » ordonnée.)   *Date et signature.* »

50. Les officiers de l'état-civil et les greffiers des tribunaux peuvent seuls délivrer les extraits des registres dont ils sont dépositaires (1).

51. Quand l'acte, dont on délivre copie extraite du registre, a été l'objet de quelques mentions, il ne peut être délivré qu'avec cette mention (2).

52 Les extraits délivrés *conformément* (3) aux registres ; et légalisés par le président du tribunal de première instance ou par le juge qui le remplace, font foi jusqu'à inscription de faux. (Art. 45, code civil).

53. L'expédition des extraits donne lieu, pour l'officier de l'état-civil, à divers droits fixés par le décret du 12 juillet 1807 (4).

54. Mais il n'est rien dû pour la confection des actes et leur inscription sur les registres. (Art. 4 du même décret) (5).

55. Les actes sont délivrés sur papier timbré de 1 franc 25 centimes.

Les certificats de publications et de non-opposition sur une feuille de 35 centimes.

CHAPITRE III.

DES ACTES DE L'ÉTAT-CIVIL.

SECTION PREMIÈRE

DES ACTES DE L'ÉTAT-CIVIL EN GÉNÉRAL.

§ 1. *Dispositions générales.*

56. L'acte de l'état-civil est un acte authentique faisant foi de son contenu jusqu'à inscription de faux.

57. Plusieurs personnes y concourent : *des parties, des déclarants, des témoins.*

58. Les parties sont les personnes qui s'engagent ou consentent (6).

---

(1) Dans l'usage, les pièces annexées peuvent aussi être expédiées.

(2) On ne change rien à l'acte, mais on ajoute à sa copie ces mots : *en marge est écrit ce qui suit* ; et l'on copie la mention. (Avis du conseil d'Etat, du 4 mars 1808.)

(3) Avec leurs vices, s'ils en ont.

(4) Naissances, décès, publications, 30 centimes ; mariages, adoptions, divorces, 60 centimes, dans les villes au-dessous de 50,000 âmes; dans celles au-dessus, 50 centimes et 1 franc ; à Paris, 75 centimes et 1 franc 50 centimes.

(5) A peine de concussion; aussi le décret doit être affiché dans les bureaux.

(6) Les époux, leurs parents, le père qui reconnaît son enfant, etc.

Les déclarants sont ceux qui donnent, à l'officier de l'état-civil, connaissance d'un fait (1).

Les témoins sont ceux que la loi requiert pour assurer et confirmer, par leur présence et leur signature, la vérité et la foi des actes.

59. Il ne faut point confondre les parties avec les déclarants et les témoins (2).

60. Les qualités d'âge et de sexe des parties et des déclarants varient selon les actes.

61. Les témoins ne peuvent être que du sexe masculin, âgés de 21 ans au moins, parents ou autres.

62. Les témoins doivent être choisis par les parties intéressées. (Art. 37 du code civil) (3).

63. Dans le cas où les *parties intéressées* ne sont point obligées de comparaître en personne, elles peuvent se faire représenter par un fondé de procuration *spéciale* et *authentique*. (Art. 36 du code civil) (4).

§ 2. *Rédaction de l'acte et ses formes.*

64. Les actes doivent être rédigés en Français (5).

65. L'acte est un procès-verbal; il énonce d'abord l'année, le jour et l'heure où il est reçu. (Art. 34 du code civil) (6).

66. Il désigne ensuite l'officier qui le reçoit (7).

---

(1) D'une naissance ou d'un décès.

(2) Ainsi, une partie ou un déclarant ne peut être témoin, et *vice-versa*.

(3) C'est un abus de faire signer toujours les mêmes personnes ; c'est un faux quand elles ne sont pas présentes à l'acte.

(4) *Parties*, et non les déclarants et témoins. Ceux-ci doivent toujours comparaître en personne.

Spéciale, c'est-à-dire pour l'acte même, indiqué bien précisément.

Authentique, c'est-à-dire ici, devant notaire.

(5) Une seule exception existe pour l'Ile de Corse. (Décret du 19 ventôse, an XIII).

(6) L'heure est nécessaire : pour les décès dans les successions, pour les oppositions dans les mariages, etc.

La phrase *avant ou après-midi* ne suffit pas; on ne peut pas non plus, après un acte, dire au suivant, *le même jour*.....

(7) C'est-à-dire ses nom, prénoms et qualité, et si ce n'est point le maire, on indique le fait ou le titre en vertu duquel agit l'officier qui le remplace.

67. L'acte contient la désignation de tous ceux qui y sont dénommés, par prénoms, nom, âge, profession et domicile. (Art. 34 du code civil).

68. Après la rédaction de l'acte, l'officier de l'état-civil en donne lecture aux parties comparantes ou à leur fondé de pouvoir et aux témoins. Il est fait mention de l'accomplissement de cette formalité à la fin de l'acte. (Art. 38 du code civil).

69. Après cette lecture, l'acte acquiert sa dernière garantie par la signature de l'officier de l'état-civil, celle des parties déclarantes ou témoins, ou par la mention qui sera faite de la cause qui empêche l'un ou l'autre de signer. (Art. 39 du code civil).

70. C'est en présence de l'officier de l'état-civil que les signatures doivent être apposées. Il signe le dernier.

71. L'acte est alors consommé, et il ne peut plus y être fait de changement qu'en vertu d'un jugement (1).

72. Si des pièces ont été produites, procurations ou autres , elles doivent demeurer annexées à l'acte , après avoir été *paraphées* (2) par la personne qui les aura produites et par l'officier de l'état-civil. (Art. 44 du code civil).

73. On fait mention dans l'acte non seulement que les pièces ont été produites, mais encore qu'elles sont demeurées annexées (3).

§ 3. *Caractère des pièces à produire.*

74. L'officier de l'état-civil doit s'assurer, 1º que les actes produits renferment tout ce qui doit être justifié ; 2º qu'ils émanent réellement de l'officier public ayant caractère pour les dresser et les rendre *authentiques* (4).

---

(1) Voyez un avis du conseil d'Etat, du 15 nivôse, an X.

(2) Précaution nécessaire pour constater l'identité des pièces et empêcher la substitution.

Les témoins ne doivent pas parapher les pièces.

(3) Sans cela on ne pourrait savoir si elles l'ont été ou non.

(4) L'acte *authentique* est celui qui a été reçu par un officier public ayant le droit d'instrumenter dans le lieu où il a été rédigé et avec les formalités requises. (Art. 1317 du code civil).

Ces actes sont ou judiciaires, ou notariés, ou administratifs.

75. Sur le premier point, la lecture de l'acte doit l'éclairer; sur le deuxième, il trouve sa garantie dans la *légalisation* (1).

76. On appelle ainsi un acte par lequel un officier public atteste la vérité des signatures apposées à un autre acte, ainsi que la qualité de ceux qui l'ont fait ou reçu.

77. La légalisation est inutile pour tout acte émané d'un fonctionnaire exerçant dans le ressort où il s'agit de faire usage de l'acte (2).

78. La légalisation des actes de l'état-civil, et celle des actes des notaires, est donnée par les présidents des tribunaux de première instance, ou les juges qui les remplacent. Elle fait foi dans toute la France; c'est la légalisation judiciaire.

79. La légalisation est en même temps judiciaire et administrative, quand un acte légalisé par le président doit l'être ensuite par le ministre (3).

80. La légalisation est purement administrative quand elle est donnée seulement par les chefs de l'administration civile ou militaire, sur des actes des agents de ces administrations (4).

81. Quant aux actes délivrés en pays étranger, ils doivent être légalisés d'abord par les autorités locales dans l'ordre de leur hiérarchie, puis par l'agent français résidant dans le pays, ensuite par le ministre des affaires étrangères (5).

---

(1) Si l'officier de l'état-civil a des doutes sur la capacité du signataire de l'acte, il consultera le procureur du roi.

(2) Ainsi fera preuve par elle seule et sans légalisation, la signature du maire dans sa commune.

Du sous-préfet dans son arrondissement ;

Du préfet dans son département ;

Du notaire à la résidence d'une cour dans tout le ressort de cette cour;

Et des autres notaires dans l'étendue de la juridiction de chacun d'eux. (Art. 28 de la loi du 25 ventôse, an XI).

(3) Un acte destiné pour les colonies ou qui en vient, aura, outre la légalisation judiciaire, celle du ministre de la marine.

(4) Ainsi, les actes des agents français hors du royaume; ceux tirés des registres des ambassadeurs ou des consuls.

(5) Il faut en effet, pour valoir en France, qu'il y ait une légalisation française.

Ces règles sont réciproques.

82. Si l'acte a été délivré en langue étrangère, on devra en présenter à l'officier de l'état-civil, une traduction faite par un interprète assermenté, lequel est nommé par le président du tribunal, sur la requête des parties intéressées (1).

83. A l'égard des jugements dont les expéditions sont délivrées par les greffiers, la signature de ceux-ci fera foi par elle-même dans le ressort du tribunal; hors de là, elle devra être légalisée.

84. Les conditions qui rendent les jugements *exécutoires* (2) exigeant des connaissances ordinairement étrangères aux officiers de l'état-civil, ceux-ci devront, en cas de doute, consulter le procureur du roi.

SECTION DEUXIÈME.

DES ACTES DE NAISSANCE.

ARTICLE Ier.

DES ACTES DE NAISSANCE DANS LES CAS ORDINAIRES.

§ 1. *Des personnes qui concourent à l'acte ; de la déclaration de naissance et de la présentation de l'enfant.*

85. Cinq personnes sont nécessaires à la confection de l'acte de naissance :

1º L'officier de l'état-civil ;

2º La personne déclarante ;

3º L'enfant présenté ;

4º Deux témoins ;

86. Différentes personnes sont obligées à la déclaration (3).

Elle est faite par le père, ou à son défaut par les docteurs en médecine ou en chirurgie, sages-femmes, officiers de santé ou autres personnes qui ont assisté à l'accouchement; et, si la mère est accouchée hors

----

(1) La signature du traducteurs est légalisée.

(2) On appelle ainsi les jugemens qui ne peuvent plus être attaqués par un recours à une juridiction supérieure, et qui par conséquent peuvent et doivent être exécutés.

(5) Un fondé de pouvoir ne peut faire la déclaration.

de son domicile, par la personne chez qui elle est accouchée. (Art. 56 du code civil).

87. La mère ne serait admise à cette déclaration qu'en l'absence de tout témoin de son accouchement.

88. Une personne mineure peut être le déclarant (1) si elle est le père, l'accoucheur, la sage-femme ou le maître du domicile.

89. La déclaration a lieu devant l'officier de l'état-civil du lieu de l'accouchement (2). (Art. 55 du code civil).

90. Elle doit être faite dans les trois jours de l'accouchement (3). (Art. 55 du code civil).

91. A peine d'un emprisonnement de 6 jours à 6 mois et d'une amende de 16 à 300 fr., contre toute personne ayant assisté à l'accouchement (4). (Art. 346 du code pénal).

92. Après les 3 jours, la déclaration ne peut plus être reçue, et les parties doivent obtenir un jugement pour l'inscription de l'acte sur les registres (5).

93. Il ne faut pas perdre de vue la règle n° 12, que l'officier de l'état-civil ne peut constater que ce que les parties *doivent lui déclarer*.

94. La naissance étant un fait matériel que l'officier de l'état-civil peut juger par lui-même, l'enfant doit lui être présenté (6).

95. La déclaration et la présentation sont faites en présence de deux témoins (7). (Art. 56 du code civil).

---

(1) A la différence des témoins qui sont toujours des majeurs.

(2) Qu'il soit ou non celui du domicile de la mère.

(3) Ce jour non compris.

(4) Toutes doivent donc veiller à ce que la déclaration ait lieu.

(5) Voyez un article du conseil d'Etat, du 12 brumaire, an XI. (Au bulletin des lois).

(6) Le but, c'est de vérifier :

1° Si l'enfant est nouveau-né ;

2° S'il est vivant ;

3° Quel est son sexe.

(7) Leurs qualités sont réglées par l'art. 37 du code civil. (Voyez n° 71).

Il n'est pas nécessaire que ce soient des personnes qui aient été présentes à l'accouchement.

§ 2. *De la forme et des énonciations de l'acte.*

96. L'acte est rédigé de suite en présence des témoins.

97. L'acte énonce :

1° L'année ,
Le jour ,
L'heure ,
Le lieu } de la naissance ;

2° Le sexe ,
Les *prénoms* } de l'enfant (1) ;

3° Les prénoms ,
Nom ,
Age ,
Profession ,
Domicile } des *père* et *mère* (2) ;

4° La présentation de l'enfant (3) ;

5° Les prénoms ,
Nom ,
Age ,
Profession ,
Domicile } du déclarant ;

Sa qualité pour déclarer (4).

6° Les prénoms ,
Noms ,
Age ,
Profession ,
Domicile } des témoins (5).

---

(1) Les *prénoms* ne peuvent être que ceux du calendrier et des personnages connus de l'histoire ancienne. Il y a défense de tous autres. (Art. 1er de la loi du 11 germinal, an II).

(2) Le *père*; bien entendu, quand il est légalement connu ;

La *mère* ; l'indication seule du père ne suffit pas, puisque rien ne ferait connaître alors que l'enfant est né du mariage.

(3) Si l'enfant ne peut être transporté, l'officier de l'état-civil doit se rendre au domicile et indiquer ce transport dans l'acte.

(4) C'est-à-dire s'il est le père, l'accoucheur, le maître du domicile, etc.

(5) Art. 57 et 54 du code civil.

ARTICLE 2.

DES ACTES DE NAISSANCE DANS LES CAS PARTICULIERS.

§ 1. *Enfant décédé avant la déclaration de naissance.*

98. Lorsque le cadavre d'un enfant dont la naissance n'a pas été enregistrée, sera présenté à l'officier de l'état-civil, cet officier n'exprimera pas qu'un tel enfant est décédé, mais seulement qu'il lui a été présenté sans vie. Il recevra de plus la déclaration des témoins touchant les nom, prénoms, qualité et domicile des père et mère de l'enfant, et la désignation des an, mois, jour et heure auxquels l'enfant est sorti du sein de sa mère. (Art. 1er du décret du 4 juillet 1806).

99. L'officier de l'état-civil doit avertir les parties que si elles ont intérêt à faire constater que leur enfant est né vivant et viable, elles doivent se pourvoir en justice.

§ 2. *Naissance de deux ou plusieurs jumeaux.*

100. Ils peuvent être présentés par la même personne, assistée des mêmes témoins pour chaque acte.

101. Mais il faut rédiger deux actes séparés (1).

102. Il faut indiquer précisément l'heure de la naissance de chaque jumeau (2).

103. La déclaration est faite, et les actes sont inscrits dans l'ordre de la naissance.

104. Si les enfants ont des marques particulières, il est bon de les indiquer (3).

105. Des prénoms différents doivent être donnés à chacun.

§ 3. *Déclaration de naissance des enfants naturels.*

106. Dans tous les cas de naissance illégitime, la mère seule doit être déclarée.

107. Quant au père, il ne peut être indiqué que sur sa déclaration personnelle, ou celle d'un fondé de pouvoir authentique.

---

(1) Chaque individu doit avoir son acte de naissance.

(2) C'est-à-dire la différence qu'il y a entre eux.

(3) Pour éviter la confusion qui peut naître de la ressemblance assez fréquente des enfants jumeaux.

108. Cette indication ne peut avoir lieu que dans le cas de bâtardise simple (1).

§ 4. *Enfants trouvés nouveaux-nés.*

109. Les enfants trouvés sont ceux qui, nés de père et mère inconnus, ont été trouvés exposés dans un lieu quelconque, ou portés dans les hospices destinés à les recevoir. (Décret du 19 janvier 1811, art. 11).

110. L'enfant trouvé est un citoyen et doit avoir, comme tous, son acte de naissance.

111. Toute personne qui aura trouvé un enfant nouveau-né est tenue de le remettre à l'officier de l'état-civil du lieu où il a été trouvé. (Art. 58 du code civil) (2).

112. On lui remet les vêtements et les autres effets trouvés avec l'enfant (3) ; on lui déclare toutes les circonstances du temps et du lieu où il a été trouvé .

113. L'officier de l'état-civil dresse du tout procès-verbal détaillé, qui énonce en outre l'âge apparent de l'enfant, son sexe , les signes particuliers, etc., les noms qui lui sont donnés, l'autorité civile à laquelle l'enfant est remis (4).

114. Ce procès-verbal est inscrit sur les registres de naissance, à sa date (5).

115. C'est l'officier de l'état-civil et non le déclarant qui donne les noms.

116. Il choisit les noms de famille, soit dans les *circonstances* particulières à l'enfant (6) , soit dans l'histoire des temps passés. Il faut éviter de donner toujours les mêmes noms ou ceux de familles existantes.

---

(1) Jamais en cas de naissance adultérine ou incestueuse.

(2) A peine de 6 jours à 6 mois de prison et de 16 à 300 fr. d'amende, comme pour l'absence des déclarations de naissance. (Art. 347 du code pénal).

(3) Ils sont décrits dans le procès-verbal dont il va être parlé; on les conserve pour servir un jour de moyen de reconnaissance.

(4) Si l'on trouve avec l'enfant un acte de naissance, on le transcrit dans le procès-verbal et on l'annexe.

(5) Des témoins n'y sont pas nécessaires.

(6) Le lieu où on l'a trouvé, sa conformation, etc., en évitant tout ce qui serait indécent ou ridicule.

SECTION TROISIÈME.

DE LA RECONNAISSANCE ET DE LA LÉGITIMATION.

§ 1. *Règles générales.*

NOTA. — Il ne s'agit ici que de la reconnaissance faite séparément de la déclaration de naissance.

117. Il faut se rappeler ici les deux règles n°s 12 et 11 :

La première, de ne recevoir que ce qui peut être légalement déclaré ;

La deuxième, que l'officier de l'état-civil est rédacteur et non juge des déclarations.

118. Les reconnaissances sont des actes de volonté libre et spontanée.

119. Le père, la mère, mariés ou non, n'ont besoin d'aucune assistance, d'aucun concours, d'aucune autorisation, pour reconnaître individuellement un enfant naturel.

120. Un incapable des droits civils, comme un mineur, peut reconnaître un enfant dont il est le père.

121. Mais la reconnaissance ne peut résulter, pour le père, que d'un acte émané de lui-même ;

Pour la mère, que d'un acte semblable ou d'un jugement.

122. Ainsi, l'indication de la mère, dans l'acte de naissance, ne remplace pas pour elle la reconnaissance (1).

123. Ainsi ni le père ni la mère ne peuvent, même en reconnaissant un enfant, indiquer le second auteur de la naissance si celui-ci a voulu rester inconnu.

124. Ainsi toute reconnaissance du père, par transaction sur procès né ou à naître, pourrait ne pas être jugée libre.

125. Les enfants naturels qui peuvent être reconnus peuvent être légitimés (2).

126. Cela s'opère quand le père et la mère de l'enfant se marient et que celui-ci a été reconnu légalement avant le mariage, ou qu'il l'est dans l'acte même de célébration (3).

---

(1) Sauf la recherche de la maternité.

(2) Donc, les seuls bâtards simples.

(3) Voyez les n°s 287 et 288 ci-après.

127. La reconnaissance postérieure au mariage ne donnerait que les droits d'enfant naturel.

128. On peut reconnaître et légitimer un enfant mort quand il laisse des enfants, et dans l'intérêt de ceux-ci. (Argument de l'art. 333 du code civil).

§ 2. *Forme de la reconnaissance.*

129. La reconnaissance d'un enfant sera faite par acte authentique quand elle ne l'aura pas été dans son acte de naissance; elle peut avoir lieu par un fondé de pouvoir spécial et authentique (1).

130. Les officiers publics compétents pour recevoir les actes de reconnaissance, sont les officiers de l'état-civil et les notaires.

131. La reconnaissance peut aussi résulter d'aveu fait librement en justice, et consigné soit dans un procès-verbal du juge-de-paix, soit dans un jugement (2).

132. Tout officier de l'état-civil est compétent, quelle que soit sa résidence, et ne peut se refuser à l'acte.

Il est préférable de s'adresser à celui qui a reçu la déclaration de naissance (3).

133. Les formalités des actes de reconnaissance sont celles des actes de l'état-civil en général (v. n⁰ˢ 64 et suivants); il doit de plus énoncer clairement tout ce qui est relatif à la reconnaissance.

134. L'officier de l'état-civil ne doit point exiger de témoins, qui ne pourraient que gêner la liberté des reconnaissances (4).

135 L'acte est inscrit à sa date sur le registre des naissances. (Art. 62 du code civil).

136. Il en est fait mention en marge de l'acte de naissance (v. n⁰ˢ 43 et suivants)

---

(1) Ainsi, tous actes privés, toutes lettres missives, tous papiers domestiques sont insuffisants.

(2) Ce sont en effet des actes authentiques.

(3) Pour faciliter la mention à faire en marge.

(4) Il le peut cependant, s'il en a besoin, pour se faire certifier l'identité du déclarant.

SECTION QUATRIÈME.

DE L'ADOPTION.

137. L'adoption est un acte par lequel, dans de certaines conditions, un individu obtient la qualité et les droits d'enfant légitime d'un autre que de ses père et mère naturels, en conservant cependant tous ses droits dans sa véritable famille.

138. L'adoption est toujours prononcée par la justice.

Il faut d'abord un jugement de première instance, confirmé par un arrêt de la Cour royale.

139. L'arrêt est inscrit dans les trois mois qui le suivent sur les registres de l'état-civil du lieu où l'adoptant est domicilié (1).

140. L'adoption reste sans effet si elle n'a pas été inscrite dans ce délai (2).

141. L'inscription est faite à la réquisition de l'une ou de l'autre des parties qui remettent à l'officier de l'état-civil l'expédition en forme de l'arrêt de la Cour royale.

142. Il est dressé procès-verbal de cette remise; la pièce est transcrite; elle est annexée à l'acte d'adoption; et la mention en est faite en marge de l'acte de naissance.

143. La loi n'exige pas la présence de témoins (3).

SECTION CINQUIÈME.

DU MARIAGE ET DES ACTES QUI LE CONSTATENT.

Le devoir de l'officier de l'état-civil n'est plus seulement ici de constater un fait ou de recevoir une déclaration.

Tous les actes en général, et ceux de mariage bien plus spécialement, doivent justifier de l'accomplissement de toutes les conditions que la loi exige pour assurer leur validité. Or, dans l'acte de mariage, ces dispositions et ces formalités sont plus multipliées et plus diverses; elles

---

(1) Sur le registre des naissances, puisque par là on entre dans une famille.

(2) L'officier de l'état-civil doit se refuser alors à transcrire l'arrêt.

(3) Ils ne seraient nécessaires que pour constater l'identité.

varient suivant les circonstances; elles sont prescrites dans l'intérêt des époux, de leurs familles et de l'Etat, et ont pour principal objet de prévenir les effets toujours si funestes des demandes en nullité de mariage.

C'est surtout en cette matière que l'officier de l'état-civil a besoin des conseils du magistrat chargé de la surveillance des registres.

Il doit s'attacher à éviter également le double défaut :

1° D'entraver les mariages par trop de difficultés ;

2° De favoriser, par trop de facilité, la violation des dispositions protectrices de la loi.

Il doit toujours s'empresser d'éclairer les parties sur les conditions qu'elles ont à remplir, et employer tous ses efforts pour leur en faciliter l'accomplissement.

Il le doit surtout quand il s'agit de réparer par un mariage le scandale des unions illégitimes.

ARTICLE 1er.

DES QUALITÉS ET DES CONDITIONS REQUISES POUR CONTRACTER MARIAGE.

144. Il faut, pour contracter mariage, remplir trois conditions :

1° Avoir l'âge légal ;

2° Donner un consentement valable ;

3° Avoir le consentement ou le conseil de ses ascendants ou de ceux qui en tiennent lieu.

NOTA. — Nous verrons au paragraphe 4 ce qui concerne les enfants naturels et les enfants trouvés.

§ 1. *De l'âge.*

145. L'homme avant 18 ans révolus, la femme avant 15 ans révolus, ne peuvent se marier. (Art. 144 du code civil).

146. Le mariage contracté en contravention à cette règle peut être attaqué, soit par les époux eux-mêmes, soit par tous ceux qui y ont intérêt, soit par le ministère public. (Art. 184 du code civil) (1).

147. Le gouvernement peut néanmoins, pour des motifs graves, accorder des dispenses d'âge. (Art. 145 du code civil) (2).

---

(1) C'est une nullité d'ordre public.

(2) Les formes à suivre sont réglées par l'arrêté du 11 floréal, an II.

§ 2. *Du consentement.*

148. Il n'y a pas de mariage quand il n'y a pas de consentement. (Art. 146 du code civil).

149. Ainsi ne peuvent se marier ceux qui sont incapables de donner un consentement.

150. Le consentement n'est pas valable s'il n'a été donné que par erreur, s'il a été extorqué par *violence* (1) ou surpris par dol. (Art. 1109 du code civil).

151. Le devoir de l'officier de l'état-civil est donc de prendre toutes les mesures pour éviter toute fraude possible, comme pour assurer la libre manifestation de la volonté des contractants (2).

§ 3. *Du consentement ou du conseil des ascendants, ou de ceux qui en tiennent lieu.*

152. L'enfant, à tout âge, doit honneur et respect à ses père et mère. (Art. 371 du code civil).

Ce principe de morale publique domine toutes les règles du mariage. Selon les cas, il y a lieu à consentement ou à conseil.

Nº 1. — DU CONSENTEMENT DES ASCENDANTS.

153. Le fils qui n'a pas 25 ans accomplis, la fille qui n'a pas 21 ans accomplis, ne peuvent contracter mariage sans le consentement de leurs père et mère. (Art. 148 du code civil).

154. A défaut de l'un des deux, par la mort ou l'*impossibilité* (3) de

---

(1) La crainte révérencielle de ses parents n'est pas ce que la loi entend par violence. (Art. 1114 du code civil).

(2) Il pourrait, avec une grande réserve, demander des explications s'il remarquait quelque hésitation.

(3) Cette impossibilité existe dans les cas :

1º D'interdiction ;

2º De condamnation à une peine afflictive ou infâmante ;

3º D'absence.

INTERDICTION. — L'interdiction sera justifiée par une expédition du jugement et un certificat du greffier qui constate qu'elle n'a pas été levée.

Si une interdiction était demandée et non encore prononcée, il faudrait attendre la décision de l'autorité judiciaire.

manifester sa volonté, le consentement de l'autre suffit. (Art. 149 du code civil).

155. A défaut de leur père et mère, ils ne peuvent se marier sans le consentement de leurs aïeuls et aïeules paternels et maternels.

156. A défaut de tout ascendant, sans le consentement du conseil de famille, mais jusqu'à 21 ans révolus seulement, pour les deux sexes. (Art. 160 du code civil) (1).

157. L'officier de l'état-civil qui a procédé au mariage sans le consentement requis est puni d'une amende de 300 fr. au plus, et de 6 mois au moins de prison. (Art. 192 et 156 du code civil).

158. Le consentement des ascendants est donné, soit au moment de l'acte par les ascendants en personne, ou de la même manière par un fondé de pouvoir spécial et authentique,

Ou bien par acte authentique (devant notaire).

Le consentement du conseil de famille résulte de sa délibération, dont une expédition est produite (2).

159. S'il y a dissentiment entre le père et la mère, le consentement du père suffit. (Art. 148 du code civil).

160. Quant aux aïeuls et aïeules, s'il y a dissentiment entre l'aïeul et l'aïeule de la même ligne, il suffit du consentement de l'aïeul.

161. S'il y a dissentiment entre les deux lignes, le partage emporte consentement. (Art. 150 du code civil).

162. On ne peut se contenter de demander le consentement seul de ceux qui l'emportent, en cas de dissentiment.

CONDAMNATION. — La condamnation est justifiée par un extrait de l'arrêt de condamnation et du procès-verbal d'exécution.

On se borne à énoncer dans l'acte que tel ascendant est dans l'impossibilité de manifester sa volonté, sans en déduire les causes.

ABSENCE. — La preuve de l'absence résulte pour le mariage, ou du jugement qui l'a déclarée, ou de celui qui a ordonné l'enquête préalable, ou, s'il n'y a pas encore de jugement, d'un acte de notoriété délivré par le juge-de-paix du dernier domicile connu de l'ascendant. Cet acte contient la déclaration de quatre témoins appelés d'office par le juge-de-paix. (Art. 155 du code civil).

(1) Dans ce cas, après 21 ans, ils peuvent se marier sans aucun consentement.

(2) Cet acte contient les noms, prénoms, professions, domiciles du futur époux et de tous ceux qui concourent à l'acte, ainsi que leur degré de parenté. (Art. 73, code civil).

Il faut que ce dissentiment soit constaté, ou au moins qu'on en justifie à l'officier de l'état-civil.

No 2. — DU CONSEIL DES ASCENDANTS.

163. Si, comme on l'a vu, il est un âge où l'on peut se marier sans consentement, il n'en est aucun auquel on puisse se marier sans le conseil de ses ascendants (1).

164. Ce conseil se demande aux père et mère, ou aïeuls et aïeules, par un acte respectueux et formel. (Art. 151 du code civil) (2).

165. De 25 à 30 ans pour les fils, de 21 à 25 pour les filles, cet acte doit être renouvelé deux autres fois de mois en mois. (Art. 152 du code civil) (3).

166. Après 30 ans pour les fils et 25 pour les filles, un seul acte respectueux suffit. (Art. 153 du code civil).

167. Dans tous les cas, le mariage ne peut avoir lieu qu'un mois après le dernier acte respectueux.

168. Les règles énoncées aux nos 159 et suivants, relativement au consentement ou dissentiment des père et mère, aïeuls ou aïeules, s'appliquent aux actes respectueux (4).

169. L'acte respectueux est notifié aux ascendants par deux notaires, ou un notaire et deux témoins. (Art. 154 du code civil) (5).

170. Dans le procès-verbal qui doit en être dressé, il est fait mention de la réponse.

171. Ce procès-verbal est rédigé en minute, et c'est une expédition qui en est remise à l'officier de l'état-civil.

172. L'acte ne doit renfermer que des observations et des expressions respectueuses.

---

(1) A peine, pour l'officier qui aurait contracté ou célébré le mariage, de l'amende de 500 fr. au plus et d'un mois de prison au moins. (Art. 157 du code civil).

(2) Il ne suffit pas de demander conseil à l'un d'eux, comme on l'a dit, pour le consentement (no 162).

(5) A moins qu'il n'y ait eu consentement après l'un des actes respectueux.

(4) Ainsi, si sur un premier acte respectueux l'une des deux lignes consent, il suffira de constater le dissentiment de l'autre ligne.

(5) Et non par des huissiers.

173. Il doit justifier de la remise qui en a été faite, soit à l'ascendant, ou au moins à quelqu'un de sa maison (1).

§ 4. *De ce qui est relatif aux enfants naturels et aux enfants trouvés.*

174. L'enfant naturel sera :

Ou légitimé; ou reconnu ; ou non-reconnu,

175. Au premier cas, il suit les règles des enfants légitimes.

176. S'il est reconnu, il doit, comme l'enfant légitime, et selon son âge, demander le consentement ou le conseil de ses *père* et *mère* (2).

177. S'il n'est pas reconnu, ou si, l'ayant été, il a perdu ses père et mère, ou si ceux-ci ne peuvent manifester leur volonté, l'enfant naturel de moins de 21 ans ne peut se marier sans le consentement d'un tuteur *ad hoc* (3). (Art. 159 du code civil).

Ce tuteur est nommé par un conseil de famille composé par le juge-de-paix.

178. Après 21 ans, les enfants naturels sont libres.

179. Il ne faut pas perdre de vue que la simple désignation du père ou de la mère , faite par d'autres que par eux dans l'acte de naissance, et sans reconnaissance ultérieure, ne constitue pas une preuve de filiation (4).

---

(1) Si la remise n'avait été faite qu'à un voisin ou au maire de la commune , dans le cas où le domicile de l'ascendant se serait trouvé fermé, il serait bon de consulter le procureur du roi.

Il ne faut pas être trop facile sur l'admission des actes respectueux qui ne sont pas une simple formalité, mais l'exécution d'un devoir en même temps naturel et légal.

(2) Seulement, et non de ses aïeuls, car l'enfant naturel n'a de famille que ses père et mère.

(3) *Ad hoc* , c'est-à-dire uniquement pour ce fait. Ainsi le tuteur ordinaire ne peut consentir, à moins qu'il n'ait reçu cette mission spéciale de la part du conseil de famille.

(4) Nous avons vu que la désignation du père faite sans son consentement dans l'acte de naissance d'un enfant naturel est illégale et ne doit pas être reçue; cependant elle aurait pu l'être par ignorance ou par erreur. Dans ce cas, et surtout dans celui bien plus ordinaire où la mère est désignée, l'officier de l'état-civil peut et doit exiger qu'on lui justifie que ses père ou mère ne se regardent pas comme engagés vis-à-vis de l'enfant et ne veulent pas exercer à son égard les droits de la puissance paternelle. Cette recherche, qui doit être faite d'ailleurs avec réserve, peut amener surtout la mère à reconnaitre son enfant,

Enfants trouvés et abandonnés.

180. Les commissions administratives des hospices exercent vis-à-vis des enfans abandonnés, tous les droits de la puissance paternelle (1).

181. Le consentement de ces administrations est donné dans une délibération qui est un acte authentique par elle-même, puisqu'elle émane de fonctionnaires dans l'ordre de leurs fonctions.

ART. 2. — DES PROHIBITIONS.

NOTA. — Nous examinerons successivement les prohibitions absolues, les prohibitions susceptibles de dispense, quelques cas de prohibitions particulières.

§ 1. *Des prohibitions absolues.*

182. Ce sont celles qui ne peuvent pas recevoir de dispense.

183. Elles entraînent nullité absolue du mariage qui aurait eu lieu, et qui peut être attaqué par les époux, par tous ceux qui y ont intérêt, et par le ministère public.

184. Ces prohibitions sont au nombre de cinq :

1o Un premier mariage subsistant ;

2o La mort civile du contractant ;

3° La parenté en ligne directe ;

4° La parenté à certains degrés en ligne collatérale ;

5° L'adoption.

La question de savoir si l'engagement dans les ordres est encore aujourd'hui un empêchement au mariage, n'est pas de nature à être traitée ici. Si pareil cas se présentait, l'officier de l'état-civil devrait se refuser au mariage jusqu'à ce qu'un jugement lui ordonnât de le célébrer.

No 1. — D'UN PREMIER MARIAGE SUBSISTANT.

185. On ne peut contracter un second mariage avant la dissolution du premier (2). (Art. 147 du code civil).

186. L'officier de l'état-civil doit donc s'assurer, autant que cela est en lui, que les personnes qui se présentent sont réellement libres.

---

(1) Même dans le cas où les parents sont connus ou se font connaître, et jusqu'à ce que l'enfant leur ait été remis.

(2) La contravention à cet article constitue le crime de bigamie, puni des travaux forcés à temps (art. 340 du code pénal), et de la même peine contre l'officier qui aurait agi sciemment.

187. Si l'existence d'un premier mariage est constatée, il faut que l'on produise la preuve de sa dissolution ,

Par la mort naturelle ,

Par la mort civile ,

Ou par un jugement qui annule le mariage.

188. La mort naturelle se prouve par un acte de décès ou un jugement qui en tienne lieu (1).

189. La mort civile se justifie par le jugement qui a condamné le contractant à une peine afflictive et *perpétuelle* (2).

190. La nullité du premier mariage, prononcée par jugement, s'établit en représentant l'expédition en forme de cette décision (3).

No 2. — DE LA MORT CIVILE.

191. L'individu frappé de mort civile est regardé comme frappé de mort naturelle.

192. Il ne peut donc contracter aucun mariage valable. (Art. 25 du code civil).

193. Si donc l'officier de l'état-civil a connaissance d'une condamnation de nature à entraîner mort civile, il doit se refuser au mariage jusqu'à ce qu'on lui ait justifié que cette condamnation ou ses effets ont été anéantis.

No 3. — DE LA PARENTÉ EN LIGNE DIRECTE.

194. En ligne directe, le mariage est prohibé :

1° Entre tous les ascendants et descendants légitimes ;

2° Entre tous les ascendants et descendants naturels (4) ;

---

(1) L'une ou l'autre de ces pièces est de rigueur. (Avis du conseil d'État, du 14 ventôse, an XI, non-inséré au bulletin, et du 17 germinal, an XIII).

(2) Les peines perpétuelles seules entraînent la mort civile.

Mais comme il y a des distinctions à faire pour le cas où la condamnation n'a eu lieu que par contumace , comme il pourrait aussi être intervenu des lettres de grâce , il faut toujours dans ce cas consulter le procureur du Roi.

(3) Voyez no 84.

(4) Nous avons dit, pour le consentement no 176, que l'enfant naturel n'avait de fa-

3° Entre les alliés de la même ligne. (Art. 161 du code civil) (1).

195. L'alliance est le lien qui existe entre l'un des conjoints par mariage, et les parents de l'autre conjoint (2).

196. Mais l'alliance n'existe pas entre les parents de l'un et de l'autre conjoint (3).

N° 4. — PARENTÉ EN LIGNE COLLATÉRALE.

197. En ligne collatérale, le mariage est prohibé entre le frère et la sœur légitimes ou naturels (Art. 162 du code civil) (4).

NOTA. — L'article 162 du code prohibait également les mariages entre les alliés au même degré, c'est-à-dire les beaux-frères et belles-sœurs; mais la loi du 17 avril 1832 ayant permis dans ce cas le mariage avec dispense, ce n'est plus une prohibition absolue.

N° 5. — DE L'ADOPTION.

198. Le mariage est prohibé entre l'adoptant (le père adoptif), l'adopté et ses descendants.

Entre les enfants adoptifs d'un même individu.

Entre l'adopté et les enfants qui pourraient survenir à l'adoptant.

Entre l'adopté et le conjoint de l'adoptant.

Et réciproquement entre l'adoptant et le conjoint de l'adopté.

NOTA. — Il existait encore dans le code des prohibitions résultant du divorce ; mais la loi du 8 mai 1816 l'ayant aboli, ces règles ne pourraient s'appliquer qu'à des individus divorcés avant la loi, et sont par conséquent d'une application tellement rare qu'il serait inutile de s'en occuper.

---

mille que ses père et mère; mais cela ne s'applique pas aux prohibitions de mariage. Il suffit ici que le lien naturel existe pour que les bonnes mœurs s'opposent au mariage.

Nous avons dit, n° 179, que la simple indication d'une filiation naturelle n'établissait pas la nécessité du consentement ; mais cela suffit cependant pour que l'officier de l'état-civil refuse le mariage jusqu'à rectification des actes , et il doit prévenir le procureur du roi du motif pour lequel la rectification sera demandée.

(1) Alliés légitimes ou naturels.

(2) Ainsi, tous les parents de la femme deviennent les parents du mari au même degré, et *vice versa.*

Ainsi, on ne peut pas plus épouser la mère de sa femme qu'on ne peut épouser sa propre mère.

(3) Ainsi, la sœur de la femme n'est pas la fille par alliance du beau-père de cette femme, etc.

(4) Soit que les frères et sœurs soient nés du même père et de la même mère (frères germains), ou de pères différents (utérins), ou de mères différentes (consanguins).

Si des individus divorcés avant la loi se présentaient pour contracter mariage, on consulterait le procureur du roi.

§ 2. *Des prohibitions susceptibles de dispense.*

199. En ligne collatérale, le mariage est prohibé entre les beaux-frères et belles-sœurs, légitimes ou naturels. (Art. 162 du code civil).

200. Il l'est également entre l'oncle et la nièce, la tante et le neveu légitimes. (Art. 163 du code civil).

Et de même entre le grand-oncle et la petite-nièce (1). (Avis du conseil d'état, 7 mai 1808).

201. Mais il est loisible au Roi d'accorder des dispenses pour des causes graves. (Art. 164 du code civil, loi du 17 avril 1832).

202. On doit donc justifier d'une dispense avant le mariage.

203. Elle se demande comme les dispenses d'âge (2).

§ 3. *De quelques prohibitions particulières.*

N° 1. — DES VEUVES.

204. La femme ne peut contracter mariage qu'après 10 mois révolus depuis la dissolution du mariage précédent. (Art. 228 du code civil) (3).

205. Le mariage contracté en contravention ne serait pas nul, mais il donnerait lieu contre l'officier de l'état-civil à une amende de 16 à 300 fr. (Art. 194 du code pénal) (4).

N° 2. — DES MILITAIRES.

206. Les militaires ne doivent pas seulement obtenir le consentement de leurs parents; ils ont encore, pour des considérations d'ordre public, besoin du consentement de leurs chefs.

---

(1) La prohibition n'existe point entre les alliés au même degré, comme pour le cas de prohibition absolue.

(2) Voir n° 147.
Les procureurs du roi indiquent les pièces à produire.

(3) Quelle que soit la cause de dissolution du mariage.
Voir n° 187.

(4) Aucune dispense n'est accordée pour cette prohibition.

207. Divers décrets ont réglé cette matière.

Celui du 16 juin 1808 pour les officiers, sous-officiers et soldats.

Celui du 3 août pour les officiers, aspirants, sous-officiers et soldats dépendant du département de la marine militaire.

Celui du 28 août pour les intendants et sous-intendants, officiers de santé et les officiers, sous-officiers et soldats des bataillons d'équipage.

208. La nécessité de l'autorisation s'applique aux officiers réformés, parce qu'ils peuvent être d'un moment à l'autre remis en activité. (Avis du conseil d'Etat, du 29 novembre 1808) (1).

209. Tous officiers de l'état-civil qui célébreraient le mariage d'un militaire sans le consentement requis seraient destitués. (Art. 3, décret du 16 juin 1808).

210. Les sous-officiers et soldats qui ont fait leur temps de service et ont obtenu leur congé n'ont plus besoin d'aucun consentement.

211. Mais il est bon de se faire représenter leur congé, parce que cet acte indique toujours si le porteur a contracté mariage au service.

212. A l'égard des jeunes gens appelés au recrutement, ils peuvent se marier jusqu'au jour où ils sont immatriculés comme jeunes soldats (2).

ARTICLE 3.

DES JUSTIFICATIONS ET FORMALITÉS QUI PRÉCÈDENT LE MARIAGE.

§ 1er *Des pièces à produire et des moyens d'y suppléer.*

N° 1. — DES PIÈCES A PRODUIRE.

213. L'officier de l'état-civil se fera remettre l'acte de naissance de chacun des époux. (Art. 70 du code civil) (3).

214. Mais ils doivent produire en outre toutes les pièces nécessaires pour constater leur position et l'exécution des obligations de la loi (4).

---

(1) A plus forte raison aux officiers en disponibilité.

(2) C'est-à-dire compris dans le contingent départemental.

Voir les articles 921 et suivants du manuel de recrutement, les numéros 920 et 549 du supplément au manuel.

(3) C'est en effet la base de leurs qualités et de leurs devoirs.

(4) Ainsi : consentement des ascendants,

Actes respectueux,

215. Une règle générale domine toutes celles qui vont suivre : c'est qu'elles ne doivent pas être étendues d'un cas à un autre (1).

1° Des actes de naissance.

216. Celui des époux qui sera dans l'impossibilité de se procurer son acte de naissance pourra y suppléer en rapportant un acte de notoriété délivré par le juge-de-paix du lieu de sa naissance, ou par celui de son domicile. (Art. 71 du code civil) (2).

217. L'acte de notoriété contiendra la déclaration faite par sept témoins de l'un ou de l'autre sexe, parents ou non parents; les prénoms, nom, profession et domicile du futur époux et ceux de ses père et mère, s'ils sont connus ; le lieu, et, autant que possible, l'époque de sa naissance, et les causes qui empêchent d'en rapporter l'acte.

Les témoins signeront l'acte de notoriété avec le juge-de-paix, et s'il en est qui ne puissent ou ne sachent signer, il en sera fait mention. (Art. 71 du code civil).

218. L'acte de notoriété est présenté au tribunal de première instance du lieu où doit se célébrer le mariage. Le tribunal, après avoir entendu le procureur du roi , donnera ou refusera son homologation , selon qu'il trouvera suffisante ou insuffisante la déclaration des témoins et les causes qui empêchent de rapporter l'acte de naissance. (Art. 72 du code civil).

219. Si le nom de l'un des futurs n'est pas orthographié dans son acte de naissance comme celui de son père, si l'on a omis quelques prénoms de ses parents (3), l'attestation d'identité par les père et mère ou aïeux assistant au mariage suffit pour y procéder (4).

Actes de décès,
Délibération du conseil de famille ,
Permission du ministre ou des corps pour les militaires ,
Preuves de dissolution d'un premier mariage, etc.

(1) Parce que ce sont des exceptions aux règles ordinaires.

(2) Cet acte est rédigé en minutes, et l'on en présente une expédition.

(3) Un individu peut être connu par un surnom que n'indique pas l'acte de naissance ; dans ce cas, on le mentionne dans l'acte de mariage en faisant constater l'identité de la même manière.

(4) Il se pourrait encore que l'acte de naissance n'indiquât pas de prénoms; on pourrait aussi, par analogie, prendre les mêmes moyens pour attester l'identité.

S'ils ne comparaissent pas, ils attestent l'identité dans leur consentement authentique.

S'ils sont morts, l'attestation est valablement donnée, pour les mineurs, par le conseil de famille ou le tuteur *ad hoc ;* et pour les majeurs, par les quatre témoins de l'acte de mariage. (Avis du conseil d'État, du 30 mars 1808).

2° *Des actes de décès.*

220. Dans le cas d'omission d'une lettre ou d'un prénom dans les actes de décès des père et mère ou aïeux, la déclaration avec serment des personnes dont le consentement est nécessaire pour les mineurs, ou celle des parties et des témoins pour les majeurs, est suffisante pour contracter mariage. (Même avis).

221. L'acte de décès des père et mère peut être suppléé par l'attestation des aïeuls et aïeules présents à l'acte, ou consentant par acte authentique.

222. Si les père et mère et aïeuls, dont le consentement ou le conseil est requis, sont décédés, et que l'on ne puisse représenter leur acte de décès ni constater leur absence, conformément à l'article 55 du code civil (n° 154), par l'ignorance où l'on est du dernier domicile des ascendants, il peut être procédé au mariage des individus de plus de 21 ans, sur leur déclaration avec serment que le lieu du décès ou celui du dernier domicile de leurs ascendants leur est inconnu.

223. Cette déclaration doit être justifiée aussi par le serment des quatre témoins à l'acte qui affirment que, quoiqu'ils connaissent les futurs époux, ils ignorent le lieu du décès de leurs ascendants et de leur dernier domicile (1).

224. Lorsque les actes à produire se trouvent dans les registres de la commune même où se célèbre le mariage, on dispense quelquefois de leur production en mentionnant dans l'acte qu'ils sont inscrits aux registres de telle année.

Cette marche n'étant pas absolument conforme aux règles, il ne faut la suivre que si elle est autorisée par l'autorité sous la surveillance de laquelle on se trouve.

---

(1) (Avis du Conseil, du 4 thermidor, an XIII).

On abuse quelquefois de cet avis pour éluder l'obligation de représenter des actes de décès. L'officier de l'état-civil ne doit point se prêter à ces complaisances.

§ 2. *Des publications.*

225. Quoique les publications puissent toujours être faites sur les notes remises par les parties, il est bon de se faire remettre auparavant toutes les pièces nécessaires au mariage (1).

226. Il est bon aussi, quand on le peut, que la réquisition de publication soit faite par les deux parties.

227. Avant la célébration du mariage, l'officier de l'état-civil doit faire deux publications à 8 jours d'intervalle, un jour de dimanche. (Art. 63 du code civil) (2).

228. Elles ont lieu devant la porte de la maison commune. (Même article) (3).

229. Les publications sont inscrites sur le registre indiqué plus haut nº 25, sans concours de témoins (4).

230. Elles sont inscrites chacune à leur date (5).

231. Un extrait reste affiché à la porte de la maison commune pendant l'intervalle de 8 jours de l'une à l'autre publication (6).

232. La deuxième publication est de même affichée.

233. Les actes de publication et les extraits énoncent les prénoms, nom, âge, profession et domicile des futurs époux, leurs qualités de majeurs ou de mineurs, et les prénoms, nom, âge, profession et domicile de leurs père et mère.

Cet acte énoncera en outre les jour, lieu et heure où les publications auront été faites. (Art. 53 et 54 du code civil).

234. Les deux publications dont il vient d'être parlé sont faites à la municipalité du lieu où chacune des parties contractantes a son domicile. (Art. 166 du code civil) (7).

---

(1) Pour éviter les erreurs et les surprises.

(2) C'est-à-dire deux dimanches consécutifs.

(3) C'est la maison où se font les actes de la mairie. Quelquefois on fait encore les publications à la porte de l'église, ce qui est un moyen de publicité plus réel.

(4) Ce n'est qu'un procès-verbal.

(5) Et non la deuxième par note en marge de la première.

(6) Cet extrait est sur un timbre de 35 centimes.

(7) Et non de l'une des parties seulement.

235. Le domicile est le lieu où l'on a son principal établissement. (Art. 102 du code civil).

236. Il s'établit, quant au mariage, par 6 mois d'une résidence continue dans le même lieu. (Art. 74 du code civil).

237. Mais quand le domicile actuel n'est établi que par 6 mois de résidence, les publications doivent être faites en outre à la municipalité du dernier domicile. (Art. 167 du code civil).

238. Si des résidences de 6 mois ou moins existent et se sont successivement continuées en divers lieux, les publications sont faites en chacun de ces lieux et au *domicile réel* (1).

239. Quand l'une ou l'autre des parties ne peut se marier sans consentement, les publications sont faites encore à la municipalité du domicile de ceux dont ce consentement est exigé. (Art. 168, code civ.) (2).

240. On suit, pour les militaires en garnison en France , les mêmes règles de publication.

241. Le roi ou les officiers proposés par lui à cet effet peuvent , pour des causes graves, dispenser de la seconde publication. (Art. 168 du code civil).

242. Ces dispenses sont accordées par le procureur du roi de l'arrondissement où doit se célébrer le mariage. (Arrêté du conseil d'Etat, du 20 prairial, an XI).

243. La dispense est ordinairement accordée au bas d'une requête sur papier timbré; on en fait mention en marge de la première publication.

244. Lorsque des publications ont été faites dans plusieurs communes, les parties remettent un *certificat* (3) délivré par l'officier de l'état-civil de chaque commune, constatant qu'il n'a point existé d'oppositions (art. 69) ou qu'elles ont été levées.

---

(1) Ce domicile est le lieu de naissance quand on n'a eu depuis lors que de simples résidences.

(2) Ainsi, au domicile des père et mère et ascendants pour les fils de moins de 25 ans, et les filles de moins de 21 ans ;
Au lieu où se rassemble le conseil de famille pour les orphelins de moins de 21 ans ;
Au domicile du tuteur *ad hoc* pour les enfants naturels de moins de 21 ans;
Au lieu où l'hospice est établi pour les enfants trouvés de moins de 25 ou de 21 ans suivant le sexe.

(3) Sur un timbre de 35 centimes. Ce certificat contient d'ailleurs toutes les énonciations indiquées au n° 235 ci-dessus.

245. La délivrance de ce certificat ne peut avoir lieu que le 3ᵉ jour après et non compris celui de la seconde publication. On ne pourrait recevoir un certificat délivré plus tôt (1).

246. Quand il y a eu des oppositions, aucun certificat de publication ne doit être délivré avant qu'elles aient été levées.

247. Le mariage ne peut être célébré avant le 3ᵒ jour depuis et non compris celui de la seconde publication (2).

Ce délai est de rigueur et ne peut être abrégé.

248. Si le mariage n'a point été célébré dans l'année à compter de l'expiration du délai des publications, il ne pourra être célébré qu'après de nouvelles publications dans la forme prescrite (3).

249. L'officier de l'état-civil qui a procédé à la célébration d'un mariage sans publication ou sans observer le délai, est passible d'une amende de 300 fr. au plus, et les parties d'une amende proportionnée à leur fortune.

§ 3. *Des oppositions.*

250. Peu de personnes ont droit de former des oppositions au mariage. Cependant l'officier de l'état-civil n'étant pas juge, il ne peut se refuser à les recevoir; il ne peut qu'éclairer les parties sur leurs droits.

251. Le droit de former opposition appartient :

1ᵒ A la personne engagée par un mariage avec l'un des futurs époux. (Art. 172 du code civil) ;

2ᵒ Au père; à défaut du père, à la *mère* (4); à défaut des père et mère, aux aïeuls *et aïeules* (5), même lorsque leurs enfants ou descendants ont plus de 25 ans ;

3ᵒ A défaut d'aucun ascendant, au frère ou à la sœur, à l'oncle ou à la tante, au cousin ou à la cousine germains majeurs, mais dans deux cas seulement : 1ᵒ lorsque le consentement du conseil de famille était

---

(1) On peut en effet former opposition dans les deux jours qui suivent les publications.

(2) C'est-à-dire le mercredi qui suit le dimanche de la seconde publication.

(3) Ainsi, un mariage publié les 1ᵉʳ et 8 janvier 1832 ne pourrait être célébré plus tard que le 10 janvier 1833.

(4) Et si *la mère* n'a pas été consultée, elle pourrait former opposition quoique le père existât; il faut donc, comme on l'a dit au nᵒ 162, que son dissentiment soit constaté.

(5) *Et aïeules*, à défaut des aïeuls dans chaque ligne.

requis et n'a pas été obtenu ; 2° lorsque l'opposition est fondée sur la démence du futur époux. (Art. 174 du code civil) (1) ;

4° Aux tuteur ou curateur dans les deux cas qui précèdent, mais seulement avec l'autorisation du conseil de famille qu'il peut convoquer. (Art. 175 du code civil).

252. Les enfants ou neveux ne peuvent s'opposer au mariage de leurs ascendants, oncles et tantes.

253. Une promesse de mariage n'est pas un titre pour former opposition au mariage.

254. Les actes d'opposition au mariage seront signés sur l'original et sur la copie par les opposants ou par leurs fondés de procuration spéciale et authentique. Ils seront signifiés, avec copie de leur procuration, à la personne ou au domicile des parties et à l'officier de l'état-civil qui mettra son visa sur l'original. (Art. 66 du code civil) (2).

255. L'acte doit contenir en outre la qualité qui donne droit de former opposition.

256. L'acte doit contenir le motif de l'opposition, à moins qu'il ne soit fait par un ascendant. (Art. 176 du code civil) (3).

257. Il contient élection de domicile dans le lieu où le mariage doit être célébré.

Cette formalité et la précédente sont exigées à peine de nullité.

258. L'opposition peut être faite indifféremment devant l'un ou l'autre officier qui ont procédé ou qui doivent procéder aux publications (4).

259. L'officier de l'état-civil fait sans délai une mention sommaire des oppositions sur le registre des publications.

260. Cette mention est rédigée en forme de procès-verbal et inscrite à sa date sur le registre.

Copie de l'exploit est annexée.

---

(1) Et dans ce cas, à charge de provoquer l'interdiction et d'y faire statuer dans le délai qui sera fixé par le jugement. (Art. 74 du code civil).

(2) Si la partie ne sait pas écrire, il faut donc qu'elle nomme, par acte authentique, un mandataire qui le sache; car la signature est de rigueur.

(3) Les ascendants ne peuvent être censés agir que par leur affection pour leurs descendants et dans leur intérêt.

(4) La célébration ne peut en effet avoir lieu qu'en rapportant des certificats de non-opposition. (Voir n° 244).

261. Les publications frappées d'opposition ne peuvent être suivies du mariage que quand la main-levée de ces oppositions a été obtenue.

262. Elle peut être donnée volontairement ou par la justice.

263. La main-levée volontaire, donnée par l'opposant, doit être constatée par un acte authentique (pardevant notaire).

264. La main-levée par justice résulte d'un jugement (1).

265. Dans ce cas, l'opposant peut être condamné à des dommages et intérêts, mais jamais si c'est un ascendant. (Art. 179 du code civil).

266. De quelque manière que la main-levée ait eu lieu, il en sera fait mention en marge de l'acte d'opposition inscrit sur le registre des publications (2)

ARTICLE 4.

DES FORMALITÉS QUI ACCOMPAGNENT LE MARIAGE.

§ 1. *De la célébration du mariage.*

267. Le mariage est célébré dans la commune où l'un des deux époux aura son domicile.

268. Le domicile pour le mariage s'établit, comme on l'a déjà dit, par 6 mois d'habitation continue dans la même commune (3).

269. A défaut de résidence de 6 mois consécutifs dans la commune où l'on se trouve, il faut donc recourir à l'officier de la commune où l'on a eu sa dernière résidence pendant 6 mois au moins (4).

---

(1) Voir no 84.

(2) On doit aussi faire mention, en marge des publications, tant de l'opposition que de la main-levée.

Dans tous les cas, la pièce produite pour établir la main-levée est annexée.

(3) Il faut 3 conditions pour se marier dans une commune :

1º Que l'un des futurs y ait son domicile ;

2º Que cette habitation ait duré 6 mois ;

3º Qu'elle n'ait point été interrompue.

(4) Un avis du 4e jour complémentaire, an XIII, décide que ces règles s'appliquent aux militaires.

Toutefois le ministre de la guerre a fait observer que le militaire, obligé de suivre ses drapeaux, pouvait pendant long-temps ne pas avoir eu résidence de 6 mois dans un même lieu, et qu'il devait lui suffire de justifier qu'il était au corps depuis plus de 6 mois.

Si un pareil cas se présentait, on consulterait le procureur du roi.

270. Le domicile du mineur est celui des personnes sous la puissance desquelles il se trouve.

271. L'officier de l'état-civil peut et doit exiger la justification du domicile ou de la résidence légale, puisque c'est de là que dépend sa compétence (1).

272. Le mariage a lieu au jour indiqué par les parties (Art. 75 du code civil) et à l'heure déterminée par l'officier de l'état-civil (2).

273. Le mariage est célébré par l'officier de l'état-civil dans la maison commune. (Art. 75 du code civ.) (3).

274. Le mariage est célébré publiquement (Art. 165 du code civ.) (4).

275. Si le mariage a été célébré devant un officier de l'état-civil incompétent, s'il ne l'a pas été publiquement, il peut être attaqué par les époux, par les ascendants, par tous ceux qui y ont intérêt et par le ministère public. (Art. 191 du code civ.)

276. Les parties doivent nécessairement comparaître en personne.

277. Le mariage est célébré en présence de 4 témoins, parents ou non (Art. 75 du code civ.), et des personnes qui consentent au mariage quand elles ne s'y font pas représenter, ou ne consentent pas par écrit.

278. L'officier de l'état-civil donne lecture des pièces relatives à l'état des futurs et aux formalités du mariage (5) (Art. 75 du code civ.)

279. On donne également lecture du chapitre VI du titre du mariage

---

(1) Les parties peuvent en effet avoir intérêt à changer le lieu des publications et du mariage.

(2) Il ne doit pas choisir une heure qui exclurait la publicité.

(3) Si l'un des deux époux se trouve dans l'impossibilité de se transporter à la maison commune, l'officier de l'état-civil désigne un officier de santé pour constater le fait. Il se transporte alors au domicile (en rendant ce fait public autant que possible); et là, la porte ouverte à tous, il procède au mariage. Il dresse de ces circonstances un procès-verbal qui est transcrit par extrait dans l'acte de mariage.

(4) A peine de 300 fr. d'amende contre l'officier, et contre les parties d'une amende proportionnée à leur fortune.

(5) Ainsi, toutes les pièces qu'il a fallu produire, les publications et les certificats.

Cette lecture est fort importante, puisqu'elle peut faire connaître aux parties elles-mêmes des circonstances qu'elles ignoraient, révéler aux témoins des motifs d'opposition ou des causes de prohibition. C'est aussi le seul moyen de juger si l'acte de mariage énonce exactement tout ce qu'il doit contenir.

au code civil sur les droits et les devoirs respectifs des époux (Art. 75 du code civil).

280. L'officier de l'état-civil prononce alors , au nom de la loi , que les parties sont unies par le mariage.

281. Ces paroles forment à l'instant même le lien indissoluble du mariage.

L'acte qui en est dressé sur les registres n'en est que la preuve.

§ 2. *De la rédaction de l'acte.*

282. L'acte est rédigé immédiatement après la prononciation de l'union, par l'officier de l'état-civil.

283. Outre les énonciations prescrites pour tous les actes , celui de mariage constate spécialement les conditions et formalités dont nous avons parlé précédemment.

284. Ainsi il énonce :

1°. Les prénoms ,
   nom ,
   âge ,
   profession ,   des époux (1) ;
   lieu de naissance
   et domicile

2°. Si les époux sont majeurs ou mineurs ;

3°. Les prénoms ,
   nom ,
   âge ,   des père et mère (2) ou autres ascendants dont
   profession   le consentement ou le conseil a été requis ;
   et domicile

4°. Le consentement des père et mère , aïeuls ou aïeules ; celui de la famille ou du tuteur *ad hoc,* quand il est requis (3) ;

5°. Les actes respectueux quand il en a été fait ;

6°. Les publications dans les divers domiciles , ou les dispenses de la seconde publication ;

7°. Les oppositions , s'il y en a eu ; leur main-levée, ou mention qu'il n'y a pas eu d'opposition ;

---

(1) Si une partie quelconque n'a pas de profession, il faut mettre *sans profession.*

(2) Si l'acte de naissance d'un enfant naturel non-reconnu indique cependant les noms de sa mère, on met : *qualifié dans son acte de naissance : fils de N....*

(3) De même le consentement des hospices ou la permission pour les militaires.

8°. La déclaration des contractants de se prendre pour époux et le prononcé de leur union par l'officier de l'état-civil ;

9°. Les prénoms,
nom,
âge,
profession
et domicile
} des témoins et leur déclaration, s'ils sont parents ou alliés des parties, de quel côté et à quel degré ;

10° La lecture faite aux parties des pièces relatives à leur état et aux formalités du mariage, et du chapitre 6 du titre du mariage, sur les droits et les devoirs respectifs des époux. (Art. 76 du code civil) (1).

285. Quand il a été fait par les parties ou témoins quelques déclarations ou attestations pour suppléer à des actes ou rectifier des énonciations, on en fait également mention dans l'acte (2).

286. Quand les époux veulent reconnaître et légitimer un enfant naturel qui n'a pas encore été reconnu, on fait mention dans l'acte de leur déclaration (3).

287. Quand même l'enfant aurait été reconnu avant le mariage, il est toujours bon de le rappeler dans l'acte et de mentionner la volonté où sont les époux de le légitimer.

288. L'acte de mariage constatant l'accomplissement de toutes les formalités ci-dessus est clos par la signature immédiate des parties et des témoins.

289. S'il arrivait qu'en ce moment, et après la prononciation de l'union, l'un des époux refusât de signer, l'officier de l'état-civil devrait dresser sur le registre même un procès-verbal de cette circonstance, et le faire signer par les témoins et autres personnes présentes à l'acte.

290. Après la célébration du mariage, l'officier délivre un certificat revêtu du timbre de la mairie énonçant que tel jour il a procédé au mariage de N... avec N....

291. Ce certificat énonce en outre qu'il doit servir à célébrer la cérémonie religieuse du mariage, qui ne peut jamais précéder le mariage civil.

---

(1) On doit donc mentionner dans l'acte toutes les pièces qui ont dû être produites pour parvenir au mariage, car elles sont toutes relatives à l'état des parties ou aux formalités.

(2) Voir les numéros 219 et suivants.

(3) Voir les numéros 125 et 126 pour les principes de la légitimation.

ARTICLE 5.

DES MARIAGES DANS CERTAINS CAS PARTICULIERS.

Nota.—Ils ont rapport aux militaires et aux étrangers.

292. Nous avons indiqué aux n°s 206 , 240 et 269 les règles relatives au mariage des militaires.

Des étrangers.

293. Les étrangers qui contractent mariage en France sont soumis à y remplir toutes les prescriptions de la loi française qu'ils peuvent remplir en France (1).

294. Ils doivent, comme le Français, produire un acte de naissance dûment légalisé ou un acte de notoriété qui le remplace.

295. Quant au consentement qu'ils doivent obtenir de leurs ascendants résidant en France ou à l'étranger, et aux publications à faire dans leur pays, il faut distinguer deux cas :

1° S'ils y sont tenus par la loi de leur pays, ils doivent les rapporter ;

2° S'ils justifient qu'ils n'y sont pas soumis, on doit les en dispenser.

296. Mais dans l'un comme dans l'autre cas, il faut s'éclairer des conseils du procureur du roi (2).

SECTION SIXIÈME.

DES ACTES DE DÉCÈS.

ARTICLE 1er.

DES ACTES DE DÉCÈS DANS LES CAS ORDINAIRES.

§ 1. *Déclaration ; vérification de décès; permis d'inhumation.*

297. La déclaration de décès est faite par deux témoins qui doivent

------

(1) Ainsi, l'âge, les publications en France, les prohibitions, etc.

(2) Il est en effet d'une très-grande importance que toutes les précautions soient prises pour empêcher que les mariages entre français et étrangers puissent être annulés par la suite à défaut de quelque formalité essentielle résultant du droit étranger.

être, s'il est possible, les deux plus proches parents ou voisins. (Art. 78 du code civil) (1).

298. Aucune inhumation ne sera faite sans une autorisation sur papier libre,et sans frais de l'officier de l'état-civil. (Art. 77 du code civil).

299. Elle ne peut être délivrée qu'après que l'officier de l'état-civil s'est transporté auprès de la personne décédée pour s'assurer du décès, et que 24 heures après ce décès (2).

300. Il y a des exceptions prévues par les règlements de police pour le délai de l'inhumation (3).

301. Ces dispositions sont prescrites sous peine d'emprisonnement et d'amende. (Art. 358 du code pénal).

§ 2. *Formes et énonciations de l'acte.*

302. Outre les énonciations communes à tous les actes, celui de décès doit contenir ;

1°. Les prénoms ,
    nom,
    âge,   du décédé ;
    profession ,
    domicile

2°. Les prénoms ,
    nom ,   de l'autre époux (4) ;

Si la personne décédée était mariée ou veuve.

3°. Les prénoms ,
    nom ,
    âge ,   des déc'arants ;
    profession ,
    domicile

4°. S'ils sont parents , leur degré de parenté ; et autant que possible :

5°. Les prénoms ,
    nom ,
    profession   des père et mère du décédé (5) ;
    et domicile

---

(1) Qu'ils aient ou non assisté au décès, parce qu'ici c'est un fait de notoriété publique.

(2) Pour éviter le danger des inhumations précipitées, l'officier de l'état-civil peut et doit le plus souvent faire constater le décès par un homme de l'art. Quand il ne le fait pas, il ne peut au moins se dispenser de vérifier par lui-même.

(3) En cas de putréfaction ou de maladie contagieuse.

(4) Pour rattacher l'acte de décès aux actes de mariage.

(5) Pour rattacher l'acte de décès aux actes de naissance.

6°. Le lieu de sa naissance (art. 79 du code civ.)

303. L'acte mentionne nécessairement le *jour*, l'*heure* et le *lieu* du décès (1).

304. Il mentionne de plus la vérification faite du décès par l'officier de l'état-civil.

§ 3. *Avis à donner par les maires par suite de décès.*

305. Les officiers de l'état-civil délivrent par trimestre aux receveurs d'enregistrement des relevés de décès (art. 55 de la loi du 22 frimaire an 7) (2).

306. Il fait connaître au juge-de-paix du canton la mort de tout individu laissant pour héritiers des pupilles, des mineurs ou des absents (art. 911 du code de proc. , arrêté du 22 prairial an 5) (3).

307. Ils adressent au même magistrat copie sur papier libre des actes de décès des rentiers-viagers et pensionnaires de l'état ; ils indiquent le montant et la nature (civile ou ecclésiastique) de la pension (4).

308. Ils transmettent à l'intendant militaire l'extrait sur papier libre du décès de tout militaire qui jouit d'une solde de retraite (5).

309. Ils envoient au procureur du roi copie des actes de décès des *notaires* et des membres de la Légion-d'Honneur (6).

ARTICLE 2.

DES ACTES DE DÉCÈS DANS LES CAS PARTICULIERS.

§ 1. *Des déclarations, des énonciations et de la forme des actes.*

N° 1. — ENFANT PRÉSENTÉ SANS VIE.

310. Nous avons indiqué au n° 98 la marche à suivre quand un enfant est présenté sans vie.

---

(1) Pour constater l'époque où s'ouvrent les droits qui en résultent.

(2) Pour assurer les droits de mutation.

(3) Pour que ce magistrat prenne les mesures nécessaires pour conserver les droits de ces individus.

(4) Pour ne pas laisser sans emploi les fonds qui deviennent libres.

(5) Même motif.

(6) Parce qu'il y a des mesures à prendre pour les minutes des premiers, et que ce magistrat est chargé d'avertir le Grand Chancelier du décès des seconds.

No 2. — DÉCÈS DE JUMEAUX.

311. Il faut dresser un acte de décès pour chacun d'eux, comme nous avons dit au nº 101 qu'il fallait dresser deux actes de naissance (1).

No 3. — DÉCÈS SIMULTANÉ DE LA MÈRE ET DE L'ENFANT.

312. L'acte de décès de la mère est dressé dans la forme ordinaire, et l'on se conforme pour l'enfant au nº 311.

No 4. — DÉCÈS HORS DU DOMICILE.

313. La déclaration est faite par la personne chez qui aura eu lieu le décès, et un parent ou autre (2) (Art. 78 du code civ.)

314. Cet article s'applique aux enfants en nourrice, trouvés ou non. Dans le premier cas, le bulletin de l'hospice indique les noms de l'enfant et de ses père et mère, s'ils sont connus; dans les autres cas, la nourrice donne à l'officier de l'état-civil tous les renseignements qu'elle possède pour dresser l'acte.

No 5. — DÉCÈS DE MILITAIRE A LA CASERNE OU DEHORS.

315. La déclaration est faite par les soins de l'officier qui commande la compagnie; par deux officiers ou sous-officiers, ou un officier ou sous-officier et un soldat. Le commandant de la compagnie veille à ce que toutes les indications soient données et avertit l'officier de l'état-civil. (Instruction du minist. de la guerre).

No 6. — DÉCÈS DANS LES HOPITAUX MILITAIRES OU CIVILS ET AUTRES ÉTABLISSEMENTS PUBLICS.

316. Les supérieurs, directeurs ou administrateurs de ces maisons sont tenus de donner avis du décès dans les 24 heures à l'officier de l'état-civil. (Art. 80 du code civil).

317. Celui-ci s'y transporte avec les registres, s'assure du décès et dresse l'acte dans les   rmes ordinaires sur les déclarations qui lui sont faites et les renseignements qu'il a pris. (Art. 80 du code civil).

_____

(1) L'état-civil de plusieurs personnes ne peut être confondu.

(2) C'est une obligation spéciale à cette personne.

318. Il est tenu en outre , dans ces maisons , des registres destinés à inscrire ces déclarations et renseignements (1).

Nº 7. — DÉCÈS DANS LES PRISONS.

319. L'avis est donné par le concierge ou gardien à l'officier de l'état-civil , qui s'y transporte et agit comme au cas précédent. (Art. 84 du code civ.)

Nº 8. — MORT VIOLENTE.

320. Si en vérifiant le décès, l'officier de l'état-civil découvre des indices de mort violente, ou si des circonstances le lui font soupçonner, il ne peut autoriser l'inhumation avant qu'un officier de police , assisté d'un docteur en médecine ou en chirurgie, ait dressé un procès-verbal de l'état du cadavre et des circonstances y relatives, ainsi que des renseignements qu'il aura pu recueillir sur les prénoms , nom, âge, lieu de naissance, profession et domicile de la personne décédée (2). (Art. 80 du code civil).

321. Ce procès-verbal est transmis de suite au procureur du roi. (Art. 29 du code d'instruction criminelle).

322. Hors les cas d'urgence, l'inhumation n'a lieu qu'après l'autorisation de ce magistrat.

323. L'acte de décès est dressé sur des renseignements transmis à l'officier de l'état-civil du lieu du décès par l'officier de police.

Nº 9. — EXÉCUTION A MORT.

324. Les greffiers criminels sont tenus d'envoyer, dans les 24 heures, copie de l'exécution des jugements portant condamnation à mort , à l'officier de l'état-civil du lieu où la condamnation a été exécutée, et tous les renseignements indiqués aux nᵒˢ 303 et 304, d'après lesquels l'acte est rédigé. (Art. 83 du code civil).

---

(1) Mais ce ne sont pas là des registres de l'état-civil ni des actes de décès ; l'officier de l'état-civil seul dresse ces actes sur les registres de la commune, et doit toujours le faire.

(2) Dans les communes où l'officier de l'état-civil est en même temps officier de police, il dresse lui-même le procès-verbal.

Dans les cas de mort violente sont compris , entre autres , le duel et le suicide.

Observations relatives aux n°s 7, 8 et 9.

325. Dans les cas de mort violente dans les prisons ou d'exécution à mort, il ne sera fait sur les registres aucune mention de ces circonstances, et les actes de décès seront simplement rédigés en la forme ordinaire. (Art. 85 du code civil) (1).

Nota. MORT ACCIDENTELLE DANS L'EXPLOITATION DES MINES. — Les mesures à prendre par l'autorité dans ces cas sont indiquées par un décret du 3 janvier 1813, art. 18, 19 et 21. On peut en étendre l'application à l'exploitation des carrières, etc.

§ 2. *Des extraits des actes de décès à envoyer dans les cas particuliers et des avis à en donner.*

OBSERVATION GÉNÉRALE. — Dans tous les cas particuliers de décès, l'officier de l'état-civil du lieu doit donner les avis prescrits par les articles 306 et suivants.

326. Quand dans un des cas du paragraphe qui précède le décès a eu lieu hors du domicile du décédé, l'officier de l'état-civil qui a reçu l'acte de décès en transmet une copie à l'officier de l'état-civil du domicile, quand ce domicile est connu. (Art. 80 et 81 du code civil).

327. En cas de décès d'un militaire dans un hôpital ou établissement public non militaire, l'officier de l'état-civil doit en outre envoyer deux doubles de l'acte de décès au ministre de la guerre, par l'intermédiaire du sous-intendant (2).

328. Les copies à envoyer sont délivrées sur papier libre (3).

329. La copie est transcrite par l'officier qui la reçoit sur les registres courants, et la pièce est annexée (4).

330. L'officier qui a reçu l'envoi de la copie doit donner les avis indiqués aux n^s 306 et suivants (5).

---

(1) On doit donc éviter tout ce qui peut même indirectement rappeler les circonstances de la mort.

(2) En cas de mort dans les hôpitaux militaires, cet envoi se fait par le directeur des hôpitaux.

(3) Elles sont transmises sous bandes par l'intermédiaire des sous-préfets et préfets.

(4) Il est bon de faire mention du décès, en marge du registre, à la date de la mort.

(5) Quoique celui du lieu du décès l'ait déjà fait, parce qu'il peut y avoir des mesures à prendre en divers lieux.

CHAPITRE IV.

DES ACTES DE L'ÉTAT-CIVIL REÇUS PAR D'AUTRES PERSONNES QUE LES OFFICIERS DE L'ÉTAT-CIVIL ORDINAIRES.

OBSERVATION. — Ce chapitre est relatif: 1° aux actes passés aux armées ou à bord des bâtiments de l'État ; 2° aux actes passés à l'étranger, et spécialement aux mariages contractés à l'étranger.

§ 1. *Des actes passés aux armées, etc.*

331. La loi institue pour ces cas des fonctionnaires qui remplissent les fonctions d'officier de l'état-civil.

332. Copie de leurs actes est transmise aux officiers de l'état-civil du domicile de celui que ces actes concernent.

333. Cette copie est transcrite sur les registres, et les pièces transmises sont annexées.

334. Ces copies parviennent toujours à l'officier de l'état-civil par l'intermédiaire des ministres, des préfets ou des procureurs du roi (1).

335. Les Français peuvent, à l'étranger, passer des actes de l'état-civil de deux manières :

1° Devant les fonctionnaires du pays et dans les formes qui y sont usitées. (Art. 47 du code civil) (2) ;

2° Devant les agents diplomatiques ou consuls français. (Art. 48 du code civil).

336. Les copies transmises, comme on l'a dit au n° 335, sont transcrites sur les registres.

§ 2. *Des actes de mariages contractés à l'étranger.*

337. Le mariage contracté par un Français à l'étranger doit, pour avoir effet en France, être transcrit sur les registres de l'état-civil du domicile des parties dans les trois mois du retour en France.

338. La transcription peut être requise indifféremment par l'un ou l'autre époux.

339. Après trois mois, elle ne peut plus être faite qu'en vertu d'un jugement. (Avis du comité de législation, du 24 mars 1819) (3).

340. L'officier de l'état-civil doit seulement s'assurer que l'acte a la *forme authentique* (4). Il n'est pas juge de la régularité quant aux droits qui peuvent ou non en résulter.

---

(1) Si une pièce lui parvenait par une autre voie qui ne lui donnât point cette garantie, il consulterait le procureur du roi.

(2) Si les parties présentent copie de ces actes pour les transcrire, les officiers de l'état-civil doivent s'assurer auparavant qu'ils ont un caractère authentique.

(3) L'officier doit donc s'assurer de l'époque du retour.

(4) Il s'assurera de l'authenticité par la légalisation.

Quoique ce soit surtout dans les dispositions de la loi que les officiers de l'état-civil doivent puiser les éléments de la rédaction de leurs actes, on a cru cependant qu'il pouvait leur être utile de leur présenter quelques modèles de rédaction dans les cas les plus ordinaires.

Il ne faut pas qu'ils considèrent ces modèles comme des formules, mais seulement comme des exemples.

Du reste, dans la plupart des arrondissements il existe des formules données par MM. les procureurs du roi ou par l'autorité administrative; ce sont là les guides naturels des officiers de l'état-civil, qui ne doivent chercher qu'une chose dans la rédaction de leurs actes; concilier la plus grande concision avec la complète exécution des prescriptions de la loi.

C'est pour les aider dans ce travail que nous donnons les modèles suivants :

MODÈLES D'ACTES.

No 1. — *Naissance déclarée par le père.*

L'an, ... le... (date) à.... (heure) pardevant Nous N. ..., maire, officier de l'état-civil de la commune de.... canton de.... arrondissement de.... est comparu N.... (prénoms, nom, âge, profession et domicile), lequel nous a déclaré que N... (prénoms, nom) son épouse (âge, profession) est accouchée (jour, heure), en son domicile, d'un enfant du sexe. ... qu'il nous a présenté et auquel il a donné les prénoms de..... Lesdites déclaration et présentation ont été faites en présence de N... (prénoms, nom, âge, profession et domicile) et de N... (prénoms, nom, âge, profession et domicile), et après qu'il leur a été donné lecture de l'acte, les comparants l'ont signé avec nous.

NOTA. — Si l'un ou plusieurs des comparants ne savent signer, il faut mettre : après qu'il leur a été donné lecture de l'acte, N... l'a signé avec nous, N... et N... ont déclaré ne savoir le faire.

Si l'un ou plusieurs des comparants savent signer, mais ne peuvent le faire par un accident quelconque ou par suite de l'âge, il faut mettre : après qu'il leur a été donné lecture de l'acte, N... et N... ont signé avec nous; N... a déclaré ne pouvoir le faire à cause de..... (tremblement de sa main).

Nº 2. — *Naissance déclarée par un autre que le père.*

L'an... (comme au modèle nº 1) est comparu N,.. (prénoms, nom, âge, profession et domicile), lequel nous a déclaré que N... (âge, profession), épouse de N... (prénoms, nom, âge, profession et domicile), est accouchée (jour et heure) en son domicile... (comme au modèle nº 1 pour le reste).

Nº 3. — *Naissance d'un enfant naturel.*

L'an..... (comme au modèle nº 1), est comparu N... (prénoms, nom, âge, profession et domicile), lequel nous a déclaré que N... (prénoms, nom, âge, profession et domicile) est accouchée (jour et heure), en son domicile, d'un enfant du sexe.... qu'il nous présente et auquel il donne les prénoms de.... (si la déclaration de naissance est faite par un individu qui se reconnaît pour le père de l'enfant, il faut ajouter : se reconnaissant père de cet enfant). Lesd tes déclarations... (comme au modèle nº 1).

Nº 4. — *Acte de décès.*

L'an.... (comme au modèle nº 1), sont comparus N... (prénoms, nom, âge, profession et domicile ; s'il est parent ou voisin du défunt, il faut l'indiquer) et N... (prénoms, nom, âge, profession et domicile; de même, s'il est parent ou voisin du défunt), lesquels nous ont déclaré que N... (prénoms, nom, âge et domicile), célibataire (s'il est marié ou veuf, il faut indiquer les prénoms, nom, âge, profession et domicile de son épouse; si l'on connaît ses père et mère, il faut faire de même à leur égard), est décédé en son domicile (jour et heure), et les comparants, ainsi que nous , nous nous en sommes assurés (le reste comme au modèle n⁰ 1).

N⁰ 5. — *Acte qui constate la présentation d'un enfant sans vie.*
Instruction du 16 mars 1823, n⁰ 24.

L'an.... (comme au modèle n⁰ 1), sont comparus (comme au modèle n⁰ 4), lesquels nous ont présenté un enfant sans vie qu'ils ont déclaré être sorti (jour et heure) du sein de sa mère N... (prénoms , nom, âge, profession, domicile, et si elle est mariée, il faut ajouter) : épouse de N... (prénoms, nom, âge, profession et domicile), et après qu'il leur a été donné lecture de l'acte (comme au n⁰ 1).

N⁰ 6. — *Acte de publications de promesses de mariage.*

L'an.... le .. (jour et mois), à... (heure), nous maire (comme au modèle n⁰ 1), avons publié (pour la première ou la deuxième fois) devant la porte principale de notre maison commune qu'il y a promesse de mariage entre N... (prénoms , nom, âge , profession et domicile), fils (majeur ou mineur) de N... (prénoms, nom, âge et profession) et de N... (prénoms, nom, âge et profession), domiciliés à...., d'une part, et demoiselle N... (mêmes énonciations que pour le futur). Ladite publication a été de suite affichée par extrait à la porte principale de notre maison commune, dont acte.

N⁰ 7. — *Acte de mariage.*

L'an.... (comme au modèle n⁰ 1), sont comparus publiquement en notre maison commune, N... (prénoms, nom, âge, profession et domicile), né à.... le.... (jour, mois et an), fils (majeur ou mineur) de N... (prénoms, nom, âge et profession), et de N... (prénoms , nom, âge et profession), domiciliés à.... ici présents et consentants, d'une part, et demoiselle N... (prénoms, nom, âge, profession et domicile), née à.... le.... (jour, mois et an), fille (majeure ou mineure) de N... (prénoms, nom, âge et profession) et de N... (prénoms , nom, âge et profession), domiciliés à.... ici présents et consentants , d'autre part ; lesquels nous ont requis de procéder à la célébration du mariage projeté entre eux, et dont les publications ont été faites devant la principale porte de notre maison commune, les .. (jours, mois et an). Aucune opposition audit mariage ne nous ayant été signifiée, après avoir donné lecture des actes de naissance des époux qui nous ont été remis par eux et qui demeureront annexés au présent acte, après avoir été paraphés par nous et par les parties; après avoir aussi donné lecture des publications sus-énoncées , ainsi que du chapitre **VI** du titre du code civil, intitulé *du mariage* , avons demandé au futur époux et à la future épouse s'ils veulent se prendre pour mari et pour femme, et chacun d'eux ayant répondu séparément et affirmativement, déclarons au nom de la loi que N... et N... sont unis par le mariage. De quoi avons dressé acte en présence de N... (prénoms , nom, âge, profession, domicile, parent ou ami); de N... (prénoms, nom, âge, profession, domicile, parent ou ami) ; de N... (prénoms, nom, âge, profession, domicile, parent ou ami), et de N... prénoms, nom, âge, profession , domicile , parent ou ami).

Après lecture faite du présent acte, les époux, leurs pères et mères, et les témoins l'ont signé avec nous. (Si l'un d'eux ou plusieurs ne savent ou ne peuvent signer, voyez la note à la suite du modèle n° 1).

N° 8.— *Lorsque le père de l'un des époux est mort et que la mère est présente à l'acte.*

Art. 149.— Instruction du 16 mars 1825, n° 16.

.... fils (majeur ou mineur) de feu N... décédé à,..... le (jour, mois et an), en son vivant (profession), et de N... (prénoms, nom, âge, profession et domicile), ici présente et consentante d'une part, et demoiselle....., etc. Après avoir donné lecture des actes de naissance des époux, de l'acte de décès du père de l'époux, lesquelles pièces demeurent annexées, (le reste comme au modèle n° 7).

N₀ 9.— *Lorsque les père et mère de l'un des époux sont morts, et que les aïeuls ou quelques-uns sont présents à l'acte.*

REMARQUE. — Dans ce cas, il suffit que les aïeuls attestent le décès des père et mère. Instruction du 16 mars 1823, n° 15.

..... fils (majeur ou mineur) de feu N..., décédé à.... le..... et de feue N.... aussi décédée à... le.. en leur vivant (profession, domicile). ainsi que l'atteste N... (âge et profession), aïeul paternel de l'époux, ici présent et consentant. (S'il y a d'autres aïeuls vivants, ils doivent de même consentir et attester le décès, en suivant toutefois les règles prescrites par l'art. 150 du code civil, instruction du 16 mars 1823, n° 7); (le reste comme au modèle n₀ 7).

N° 10. — *Lorsque les père et mère, aïeuls et aïeules de l'un des époux ou de tous deux sont morts et que l'on connaît le lieu de leur décès.*

REMARQUE. — On doit alors produire les actes de décès.

.... . fils (majeur ou mineur) de feu N... décédé à..... le...., et de feue N..., aussi décédée à... le..., en leur vivant (profession, domicile). N... et N..., N... et N..., aïeuls et aïeules paternels et maternels dudit époux étant aussi décédés, le 1ᵉʳ à...., le 2ᵉ à...., etc. (comme au modèle n° 7). Après avoir donné lecture des actes de naissance des époux, des décès des père et mère et aïeuls et aïeules paternels et maternels de l'époux, lesquelles pièces demeurent annexées, etc. (comme au modèle n° 7).

N° 11. — *Lorsque les père et mère, aïeuls et aïeules des époux ou de l'un d'eux sont tous décédés ou absents, et qu'on ignore le lieu du dernier domicile.*

REMARQUE. — Dans ce cas, il faut se conformer au n° 15 de l'instruction du 16 mars 1823.

...... fils (majeur ou mineur) de N... et de N..., décédés (ou absents) et dont le dernier domicile, ainsi que celui des aïeuls et aïeules du futur, est inconnu aux parties et aux témoins, ce qu'ils ont affirmé par serments.

Nº 12. — *Quand le père ou l'ascendant qui doit consentir au mariage n'est pas présent à l'acte.*

REMARQUE. — Dans ce cas, il faut représenter leur consentement par acte authentique. (Art. 75. Instruction du 16 mars 1823, nº 14).

...... fils (majeur ou mineur) de N... (prénoms, nom, âge, profession) et de N... (prénoms, nom, profession) consentant à ce mariage par acte authentique, dûment enregistré et légalisé, d'une part, et demoiselle N.... Après avoir donné lecture des actes de naissance des époux, et du consentement authentique des père et mère de l'époux, lesquelles pièces demeureront annexées, etc., (le reste comme au modèle nº 7).

NOTA. — Lorsque les père et mère sont morts, et que c'est un aïeul ou une aïeule qui consent au mariage par un acte authentique, il est nécessaire que ce consentement contienne l'attestation du décès des père et mère, et qu'il en soit fait mention dans l'acte de mariage; sans quoi il faudrait représenter les actes de décès.

Nº 13. — *Lorsque l'époux ou l'épouse âgés de moins de 21 ans n'ont plus aucun ascendant.*

REMARQUE. — Il faut alors obtenir le consentement du conseil de famille. (Art. 160 du code civil, instruction du 16 mars 1823, nº 18). Il faut employer la formule 10 ou 11, selon que le dernier domicile des ascendants est ou non connu, et ajouter:

Ledit N..., autorisé à contracter mariage par délibération du conseil de famille, en date du..... Après avoir donné lecture des actes de naissance des époux, etc. (comme à la formule 10 ou 11, suivant les circonstances), et de l'expédition de la délibération du conseil de famille de l'époux, lesquelles pièces demeureront annexées.... (le reste comme au modèle nº 7).

Nº 14. — *Lorsque la loi permet, à défaut de consentement des ascendants, de se borner à des actes respectueux.*

REMARQUE. — Voir les articles 151, 152 et 153 du code civil; nºs 19, 20 et 21, instruction du 16 mars 1823.

Dans ce cas, il faut employer le modèle nº 7 ou 8, selon que les père et mère sont vivants , ou que l'un d'eux ou tous deux sont morts, et ajouter : ledit N... ayant demandé le conseil de (ses père et mère, son père, sa mère, ou ses aïeuls ou aïeules , selon les circonstances), par acte des (jours, mois et an), d'une part, et demoiselle N.... Après avoir donné lecture des actes de naissance des époux et de l'expédition des actes respectueux ci-dessus mentionnés, lesquelles pièces demeureront annexées , etc., (le reste comme au modèle n° 7).

N° 15. — *Acte de mariage des enfants naturels.*

REMARQUE. — S'ils sont également reconnus, il faut suivre les modèles n°ˢ 7, 8, 12 et 14; s'ils ne sont pas reconnus ou qu'ils ont perdu leurs père et mère, et qu'ils ont moins de 21 ans, il faut le consentement d'un tuteur *ad hoc*. (Art. 158 et 159, instruction du 16 mars 1823, n° 22).

.... Sont comparus N..., fils naturel et mineur de.... décédé à.... le.... ledit N... autorisé à contracter mariage par N... (âge , profession et domicile) ici présent et consentant, tuteur *ad hoc* nommé par délibération du conseil de famille , en date de..... Après avoir donné lecture des actes de naissance des époux, de l'expédition de la délibération du conseil de famille, lesquelles pièces, etc., (comme au modèle n° 7).

NOTA. — Si le tuteur n'était pas présent à l'acte, il faudrait représenter son consentement par acte authentique (comme au modèle n° 12).

N° 16. — *Lorsqu'il y a eu des publications hors de la commune où se célèbre le mariage*

Articles 166, 167 et 168.

Comme au modèle n° 8 jusqu'à ces mots : lesquels nous ont requis de procéder à la célébration du mariage projeté entre eux , et dont les publications ont été faites devant la principale porte de notre maison commune les (jours, mois et an). Ajoutez : et devant celle de... (lieu où ont été faites les publications) les (jours, mois et an). Aucune opposition audit mariage ne nous ayant été signifiée , non plus qu'à M. l'officier de l'état-civil de..... Après avoir donné lecture (des actes représentés suivant les cas), après avoir aussi donné lecture des actes des publications faites en cette commune et du certificat de publication et de non-opposition à...., lesquelles pièces demeureront annexées.... (comme au modèle n° 7).

OBSERVATION GÉNÉRALE.

Il faut appliquer ces modèles quand même l'un des deux époux est veuf; cette position ne dispense d'aucune des conditions imposées par la loi. Il faut alors représenter l'acte de décès du premier époux, l'annexer à l'acte et en faire mention.

MODÈLES

DES TABLES DES REGISTRES DE L'ÉTAT-CIVIL.

TABLE DU REGISTRE DES NAISSANCES.

No D'ORDRE.	nom et prénoms du nouveau-né.	NOMS ET PRÉNOMS de ses père et mère.	DATE de l'acte.	Numéro du registre.

TABLE DU REGISTRE DES MARIAGES.

No D'ORDRE.	NOMS ET PRÉNOMS DES ÉPOUX.	DATE de l'acte.	Numéro du registre.

TABLE DU REGISTRE DES DÉCÈS.

No D'ORDRE.	nom et prénoms du décédé.	NOMS ET PRÉNOMS de ses père et mère.	DATE de l'acte.	Numéro du registre.

TABLE SYNOPTIQUE

DU COURS SUR LA TENUE DES REGISTRES DE L'ÉTAT-CIVIL,

Fait aux élèves-maîtres de l'École Normale Primaire de Douai.

CHAPITRES.	SECTIONS.	ARTICLES.	PARAGRAPHES.	NUMÉROS.
1.	Des officiers de l'état-civil.		1. Organisation des officiers de l'état-civil. 2. Compétence, capacité, devoirs généraux des officiers de l'état-civil.	
2.	Des registres de l'état-civil.		1. Tenue générale. 2. Inscription des actes sur les registres. 3. Mentions à faire sur les registres. 4. Extraits des registres.	
3.	Des actes de l'état-civil.	**1.** Des actes de l'état-civil en général.	1. Dispositions générales. 2. Rédaction de l'acte et ses formes. 3. Caractère des pièces à produire.	
		2. Des actes de naissance. .	**1.** Des actes de naissance dans les cas ordinaires.	1. Des personnes qui concourent à l'acte; de la déclaration de naissance; de la présentation de l'enfant. 2. De la forme et des énonciations de l'acte.
			2. Des actes de naissance dans les cas particuliers.	1. Enfant décédé avant la déclaration de naissance. 2. Naissance de jumeaux. 3. Naissance d'un enfant naturel. 4. Enfants trouvés nouveaux-nés.
		3. De la reconnaissance et de la légitimation.	1. Règles générales. 2. Formes de la reconnaissance.	
		4. De l'adoption.	Devoirs de l'officier de l'état-civil dans les adoptions.	
	5. Du mariage et des actes qui le constatent.	**1.** Des qualités et conditions requises pour contracter le mariage.	1. De l'âge. 2. Du consentement. 3. Du consentement ou conseil des ascendants ou de ceux qui en tiennent lieu. { 1. Du consentement des ascendants. 2. Du conseil des ascendants. 4. De ce qui est relatif aux enfants naturels et aux enfants trouvés.	
		2. Des prohibitions.	1. Des prohibitions absolues. . . . . . { 1. D'un premier mariage subsistant. 2. De la mort civile. 3. De la parenté en ligne directe. 4. —— en ligne collatérale. 5. De l'adoption. 6. Observations relatives aux ordres sacrés et au divorce. 2. Des prohibitions susceptibles de dispenses. 3. De quelques prohibitions particulières. { 1. Des veuves. 2. Des militaires.	
		3. Des justifications et formalités qui précèdent le mariage.	1. Des pièces à produire et des moyens d'y suppléer. . . . . . { 1. Des pièces à produire. 2. Des moyens de suppléer à certains actes et de rectifier quelques énonciations. . . . . . { 1. Des actes de naissances. 2. Des actes de décès. 2. Des publications. 3. Des oppositions.	
		4. Des formalités qui l'accompagnent.	1. De la célébration du mariage. 2. De la rédaction de l'acte.	
		5. Du mariage dans certains cas particuliers.	1. Des militaires. 2. Des étrangers.	
	6. Des actes de décès. . . .	**1.** Des actes de décès dans les cas ordinaires.	1. Déclaration, vérifications de décès, permis d'inhumer. 2. Formes et énonciations de l'acte. 3. Avis à donner par les Maires par suite du décès.	
		2. Des actes de décès dans les cas particuliers.	1. Des déclarations, des énonciations et de la forme des actes. . . . . . { 1. Enfant présenté sans vie. 2. Décès de jumeaux. 3. — Simultané de la mère et de l'enfant. 4. — hors du domicile. 5. — De militaire à la caserne ou dehors. 6. — Dans les hospices ou autres établissements publics. 7. — Dans la prison. 8. — Par mort violente. } Observations. 9. Exécution à mort. } 10. Mort accidentelle dans l'explosion des mines.	
			2. Des extraits des actes de décès à envoyer dans les cas particuliers et des avis à en donner.	
4.	Des actes de l'état-civil reçus par d'autres personnes que les officiers ordinaires. . .		1. Des actes passés aux armées et à bord des bâtiments de l'État. 2. Des actes passés à l'étranger et spécialement du mariage contracté à l'étranger.	

Douai. — Adam, d'Aubers, imprimeur. —1841.

ON TROUVE

Au bureau de l'Instituteur,

Rue des Procureurs, 12, à Douai (Nord),

1°. La collection complète de L'INSTITUTEUR, depuis 1838 jusqu'à ce jour, formant chaque année un beau volume in-8°. Prix, le vol. . . . . 3 fr. 50 c.

2°. LE COURS D'HISTOIRE ÉLÉMENTAIRE, professé à l'École Normale primaire par M. TAILLIAR, conseiller à la Cour Royale de Douai, rédigé par M. PIÉRARD, de Dourlers, instituteur du degré supérieur, la livraison . . . . 1 »

3°. LA MNÉMOSYNE ROMAINE, par M. CADART, professeur au Collège Royal de Douai, 2 vol. in-12. Prix 3 50

4°. LE PANTHÉON POÉTIQUE, recueil de vers propres à orner la mémoire, par le même. Prix . . . . . 2 »